GUÍA DEL ESTOICISMO PARA PRINCIPIANTES:

ADOPTA LA SABIDURÍA ANTIGUA PARA SUPERAR EL
ESTRÉS Y LA ANSIEDAD MODERNOS

ADRIAN COLE

ÍNDICE

INTRODUCCIÓN

¿En ocasiones te sientes abrumado por el caos de la vida moderna y no sabes cómo encontrar la paz en medio del ruido? Debes saber que no estás solo en esta experiencia existencial. El estrés, la ansiedad y una omnipresente sensación de insatisfacción abundan en nuestra existencia cotidiana. Sin embargo, ¿qué pasaría si supieras que una filosofía ancestral puede brindarte las herramientas necesarias para afrontar y prosperar en la compleja trama del mundo actual?

El estoicismo es una escuela filosófica cuyos orígenes se remontan a la antigua Grecia y Roma. Se centra en el fortalecimiento de la resiliencia, la búsqueda de la paz interior y el dominio de las propias reacciones ante las circunstancias externas. Esta doctrina nos enseña que, aunque no podamos controlar todos los aspectos de nuestra vida, podemos controlar nuestra sensibilidad frente a ellos, lo que a su vez puede mejorar drásticamente nuestro bienestar integral.

Mi travesía con el estoicismo comenzó con escepticismo. Como alguien profundamente arraigado en los desafíos de la vida moderna, inicialmente dudé de que un conocimiento forjado hace miles de años pudiera aliviar mis males contemporáneos. Sin embargo, a base de ensayo y error, llegué a descubrir no sólo la practicidad de los principios estoicos, sino también su profundo efecto en mi salud mental y en mi búsqueda de la felicidad.

Este libro pretende esclarecer el estoicismo para quienes inician su camino en esta filosofía, guiándote a través de los conceptos esenciales del pensamiento estoico y ofreciéndote fases accesibles para integrar su sabiduría en tu vida cotidiana. No necesitas conocimientos filosóficos para comenzar, sólo una mente abierta y la voluntad de explorar cómo estos antiguos conceptos pueden abordar los problemas modernos.

Tú, el lector, eres probablemente un adulto que busca un enfoque filosófico y confiable para el crecimiento personal y la gestión del estrés. Quizá hayas notado la creciente popularidad del estoicismo en los debates contemporáneos relacionados con la salud mental y el bienestar, y sientas curiosidad sobre cómo aplicar esta filosofía a tu propia vida. Este libro está diseñado para aquellos que se sienten atraídos por las ventajas prácticas de una existencia filosófica.

En los capítulos siguientes, profundizaremos en las creencias fundamentales del estoicismo, examinaremos las vidas de los pensadores estoicos más destacados y te proporcionaremos ejercicios prácticos que podrás implementar de manera inmediata. Cada sección del libro se construye sobre la anterior, delineando un mapa comprensivo que transita desde la teoría hacia la práctica.

Combinaremos reflexiones históricas, ejercicios prácticos, anécdotas personales y datos investigativos relevantes, garantizando así una experiencia de aprendizaje rica y completa. Al entrelazar estos elementos, mi propósito es que el estoicismo no sólo te resulte accesible, sino también que se revele como una herramienta eficaz para sedimentar mejoras significativas en tu vida.

Al concluir la lectura de este libro, no solo habrás adquirido un entendimiento del estoicismo; te habrás embarcado en el proceso de vivirlo, encontrando en su legado ancestral un camino hacia una existencia más serena y resiliente. Emprende esta travesía transformadora, donde te equiparás con estrategias estoicas perdurables para navegar las complejidades de la vida moderna con claridad y fortaleza.

ESTABLECIENDO LAS BASES DEL ESTOICISMO

E n el trasfondo de toda filosofía radica la promesa de un modo de vida superior; un camino destinado a navegar las intrincadas complejidades de la existencia con una mano más firme y una mente más serena. El estoicismo, quizás más que cualquier otra corriente filosófica antigua, encarna esta promesa no a través de una mera teorización abstracta, sino mediante una sagaz sabiduría práctica que desborda claridad. Al explorar este titán del pensamiento, es vital comprender que el estoicismo no se contenta con la mera resistencia ante las adversidades; su verdadero propósito reside en la transformación y reformulación de nuestras reacciones ante los infortunios, provocando así un cambio significativo y positivo en nuestras vidas.

A lo largo de la historia, figuras de profunda influencia, como George Washington y Thomas Jefferson, han bebido de la rica fuente de los principios estoicos para orientar sus decisiones.

Esta atractiva perdurabilidad subraya la innegable adaptabilidad y el continuo sentido de pertinencia del estoicismo, haciéndolo tan relevante en el agitado contexto de las metrópolis contemporáneas como lo fue en los bulliciosos foros de la antigüedad.

¿QUÉ ES EL ESTOICISMO? COMPRENDIENDO SUS ORÍGENES Y CREENCIAS FUNDAMENTALES

Definición del estoicismo

El estoicismo es una escuela de la filosofía griega clásica que comenzó en Atenas bajo la guía de Zenón de Citio alrededor del año 300 a.C. y evolucionó a lo largo de los siglos en el vasto contexto del mundo grecorromano hasta aproximadamente el siglo III d.C. No se configura simplemente como un conjunto de doctrinas; es, en esencia, una manera de vivir que enfatiza la ética, la disciplina de la voluntad y la lógica inherente al orden natural del mundo. Los estoicos se centraron en el sentido práctico, un aspecto que hizo que esta filosofía fuera accesible tanto para los eruditos como para el ciudadano común en la Antigüedad.

Fundado sobre la base de comprender lo que está bajo nuestro control y lo que escapa de nuestra influencia, el objetivo primordial de la doctrina estoica es alcanzar un estado de paz interior y resiliencia inquebrantable, independientemente de las circunstancias externas, mediante el dominio consciente de las propias emociones y acciones. Este principio, profundamente arraigado en la filosofía estoica, guía a los individuos hacia un enfoque de vida que prioriza la transformación de su energía y centra la atención en sus acciones y actitudes, los únicos elementos realmente susceptibles de cambio, en detrimento de los eventos externos que son inherentemente inmutables.

Las creencias fundamentales del estoicismo

La filosofía estoica se centra en una serie de creencias fundamentales que articulan la lógica del universo, la disciplina del deseo y la aceptación del destino, constituyéndose en pilares que regulan nuestras respuestas emocionales. Los estoicos sostienen que, comprendiendo la naturaleza del mundo y nuestro lugar en él, podemos aprender a aceptar cada momento tal como se nos presenta, respondiendo con la razón, en lugar de sucumbir a las tempestades emocionales y, de esta forma, mantener un estado de tranquilidad que se erige sobre las tumultuosas mareas de la vida.

Los estoicos se esfuerzan por vivir en armonía con la naturaleza, reconociendo que todo está interconectado y que la razón humana forma parte del intelecto divino. Esta alineación con la naturaleza implica no sólo la adopción de una actitud de gratitud hacia el mundo natural, sino también una comprensión profunda de los vaivenes de la vida, aceptando tanto los éxitos como los fracasos con serenidad y sabiduría. De esta forma, el estoicismo nos enseña que el sufrimiento no surge de los eventos en sí, sino de nuestros sentimientos y percepciones respecto a ellos, una percepción que empodera al individuo para cultivar una fortaleza interna y una flexibilidad que le permitan transitar las adversidades con dignidad y serenidad.

Contexto histórico

Los contextos históricos y sociales del período helenístico, periodos marcados por la guerra constante, la inestabilidad política y los profundos cambios culturales, desempeñaron un papel crucial en el desarrollo del estoicismo. Esta época fue testigo del desmoronamiento del imperio de Alejandro Magno y de la consolidación del Imperio Romano, ambas épocas de incertidumbre y cambios trascendentales tanto a nivel social y político. En este escenario de caos y transformación, el estoicismo emergía como una filosofía que ofrecía un refugio de calma, proponiendo que, a pesar del tumulto externo, el ser humano podía alcanzar la paz interior a través del dominio del yo y la razón.

La fuerza y el pragmatismo del estoicismo se consolidaron aún más al extenderse a Roma, donde pensadores como Séneca, Epicteto y Marco Aurelio adaptaron sus principios para guiar el liderazgo, el gobierno y la conducta personal en medio de las complejidades del imperio.

Su conexión con la relevancia moderna

Hoy en día, los principios estoicos hallan una resonancia inusitada en la frenética y estresante dinámica de la vida contemporánea. El enfoque estoico en el control de las propias reacciones ante los acontecimientos externos refleja de forma perspicaz los desafíos a los que se enfrentan los individuos modernos, quienes afrontan constantemente las presiones de la vida cotidiana. En una época caracterizada por la preponderancia de la ansiedad y las presiones externas, la práctica estoica de enfocarse en lo que está bajo nuestro control personal -nuestros pensamientos, comportamientos y reacciones- ofrece un enfoque robusto y transformador para la gestión del estrés y la búsqueda de satisfacción.

A través del estoicismo, es posible aprender a distanciarse del bullicio tumultuoso que nos rodea, abordando los desafíos de la existencia con la quietud de una mente serena, respondiendo a cada situación con consideración y diligencia moral. Al abrazar estos principios, uno no solo se involucra en una estrategia comprobada que ha sostenido a individuos en tiempos de agitación a lo largo de los siglos, sino que se embarca en un camino que invita no solo a la resiliencia, sino a una vida próspera sin importar las circunstancias que nos depare.

EL ARTE DE DIFERENCIAR ENTRE CONTROL Y RENDICIÓN

Uno de los aspectos más transformadores del estoicismo consiste en comprender y aplicar la Dicotomía del Control, un principio que divide sucintamente los elementos de nuestra vida en dos categorías claras: aquello que podemos controlar y aquello que escapa de nuestra influencia. Este concepto, en su esencia, nos enseña que nuestros pensamientos y acciones entran dentro de nuestra esfera de control, mientras que los acontecimientos externos y las decisiones ajenas permanecen fuera de nuestra órbita. Al interiorizar esta distinción, no sólo mejoramos nuestra capacidad para afrontar los desafíos de la vida, sino que también preparamos el terreno para un auténtico crecimiento personal y una mayor satisfacción.

Considera un día típico en tu vida: podrías quedarte atascado en el tráfico, tener un desacuerdo con un colega o enfrentarte a retrasos inesperados en un proyecto planificado. En cada uno de estos escenarios, la práctica estoica implicaría identificar los elementos que puedes controlar -tus respuestas y acciones- y reconocer aquellos que no puedes, tales como el comportamiento de otros conductores, las opiniones de tu colega o el tiempo que implican las aprobaciones externas. Esta diferenciación es crucial, ya que desplaza el enfoque, de la atención de la frustración por los resultados incontrolables, a la gestión proactiva de tus reacciones y elecciones. Por ejemplo, aunque no puedas despejar el tráfico, puedes optar por escuchar un podcast o un audiolibro, transformando un trayecto estresante en un momento productivo o placentero. En el ámbito laboral, en lugar de lamentarte por un desacuerdo, podrías decidir articular tus puntos de vista con claridad y buscar un terreno común, fomentando así un ambiente de colaboración en lugar de confrontación.

Para aplicar de forma práctica este concepto en la vida cotidiana, considera la posibilidad de llevar un diario. Cada noche, reflexiona sobre los acontecimientos del día, clasificándolos en "bajo mi control" y "fuera de mi control". Este ejercicio no sólo te ayudará a reforzar la dicotomía estoica, sino que también cultivarás el hábito de la reflexión consciente. Podrías escribir sobre el tráfico y anotar tu decisión de dedicarte a una actividad más gratificante, centrándote así en el control sobre tu reacción y no en la situación externa. Con el tiempo, esta práctica impulsa un cambio de perspectiva, en el que naturalmente empiezas a comprometerte más con tu esfera de influencia y menos con los factores incontrolables.

Los beneficios psicológicos de esta práctica estoica son profundos: comprometerse coherentemente con lo que podemos controlar, mientras nos rendimos ante lo que no podemos, conduce a una reducción significativa de la ansiedad y el estrés. Esto se debe principalmente a que gran parte de nuestra ansiedad social se deriva de una percepción de falta de control sobre los acontecimientos externos. Cuando reorientamos nuestro enfoque hacia áreas en las que tenemos verdadera influencia, como nuestros esfuerzos y actitudes personales, no sólo nos sentimos más empoderados, sino también más en paz con nosotros mismos. Este empoderamiento fomenta una actitud proactiva hacia la vida; en lugar de ser reactivos a las situaciones, nos convertimos en participantes activos en la configuración de nuestro propio bienestar.

Además, integrar la Dicotomía del Control en tu vida te prepara para manejar la adversidad con una calma y una resiliencia superiores. Cuando te enfrentas a contratiempos profesionales o pruebas personales, un enfoque estoico te incita a evaluar en qué aspectos de la situación puedes influir. Si un proyecto personal en el trabajo es criticado, en lugar de albergar resentimiento o dudas, puedes optar por buscar retroalimentación constructiva y centrarte en mejorar tus habilidades, convirtiendo así la posible energía negativa en un catalizador para el desarrollo personal y profesional. Esta mentalidad, arraigada en el estoicismo, transforma los desafíos en perspectivas de crecimiento, asegurándote de mantener la compostura y el propósito independientemente de las presiones externas.

Abrazar la Dicotomía del Control consiste fundamentalmente en alimentar un profundo sentido de estabilidad interior y seguridad en uno mismo. Nos enseña que, aunque no siempre tengamos el control sobre los acontecimientos que se desarrollan a nuestro alrededor, tenemos la autoridad final sobre cómo respondemos a ellos. Esto resulta empoderador, poniendo las riendas de nuestro bienestar emocional y mental firmemente en nuestras manos. A medida que continúes practicando este principio estoico, notarás un cambio no sólo en tus reacciones, sino en tu enfoque general de la vida: un cambio hacia una existencia más deliberada, reflexiva y resiliente, no basada en el caos del mundo exterior, sino en la claridad de tus elecciones racionales.

EXPLORANDO LAS VIRTUDES ESTOICAS: SABIDURÍA, CORAJE, JUSTICIA Y TEMPLANZA

La filosofía estoica se erige sobre una base de virtudes que orientan el ámbito ético de sus adeptos: Sabiduría, Coraje, Justicia y Templanza. Cada una de estas virtudes fundamentales no es un rasgo que deba desarrollarse aisladamente, sino que están interrelacionadas, apoyándose y potenciándose mutuamente en el cultivo de una vida equilibrada y recta.

Definición de las Virtudes Cardinales

La Sabiduría en el estoicismo es contemplada tanto como conocimiento práctico como filosófico. Implica la capacidad de desenvolverse en situaciones complejas con claridad y perspicacia ética, distinguiendo entre acciones buenas, malas e indiferentes en función de su verdadera naturaleza y sus posibles consecuencias. El Coraje va más allá de la valentía física y abarca también la resistencia moral y psicológica: la fortaleza y la integridad para afrontar conflictos internos, dilemas éticos y los sufrimientos inevitables de la vida. La Justicia, se refiere al trato equitativo hacia los demás, arraigado en la amabilidad, la responsabilidad social y el servicio a la comunidad, reconociendo el valor inherente de todos los seres humanos y esforzándose por actuar de maneras que beneficien tanto al individuo como a la comunidad. La Templanza es la práctica del autocontrol y la moderación, que nos guía para tomar decisiones no determinadas por pasiones o deseos, sino alineadas con nuestros mejores intereses lógicos.

Conectar las Virtudes Cardinales con la vida cotidiana

En la rutina diaria, estas virtudes se traducen en acciones y decisiones que conforman la calidad de nuestras vidas y nuestras interacciones con los demás. Considera un entorno profesional: aplicar la Sabiduría puede implicar elegir el enfoque más eficaz y ético para un proyecto complejo y reconocer las repercusiones a largo plazo por encima de las ganancias a corto plazo. El Coraje es necesario cuando debemos enfrentar desacuerdos laborales o abogar por cambios que se alineen con nuestros valores morales, a pesar de la oposición o el riesgo potenciales. La Justicia se practica mediante la equidad en las interacciones con los colegas, garantizando que se reconozcan y valoren las contribuciones de cada uno de ellos y que las decisiones se tomen teniendo en cuenta sus efectos sobre todas las partes interesadas. La Templanza se manifiesta en la gestión de nuestras ambiciones y del equilibrio entre trabajo y vida personal, garantizando que nuestra búsqueda del éxito profesional no comprometa nuestra salud ni nuestras relaciones personales.

En el hogar o en entornos personales, estas virtudes son igualmente vitales. La Sabiduría, guía a los padres cuando imparten valores éticos a sus hijos. El Coraje, permite a los individuos enfrentarse a sus miedos o desafíos personales, abordando tal vez problemas personales de larga data o realizando cambios vitales significativos que, si bien pueden ser intimidantes, prometen un crecimiento personal sustancial. La Justicia, desempeña un papel en la forma en que uno contribuye a la comunidad, ya sea mediante el trabajo voluntario o el activismo, mientras que la Templanza puede ayudar en la gestión de las finanzas personales y en la resistencia a la tentación de las indulgencias que podrían resultar perjudiciales.

Destacando la interconexión de las virtudes

El desarrollo de una virtud no es un proceso aislado, actuando como catalizador que propicia la mejora de otras. Por ejemplo, el verdadero Coraje no se manifiesta como una imprudente audacia, sino que se encuentra guiado por la Sabiduría, que permite discernir entre riesgos y oportunidades y determina la validez de una causa digna de ser defendida. En este sentido, la Justicia se nutre del Coraje, ya que a menudo requiere valentía para garantizar un trato justo y equitativo que desafíe las incongruencias frente a las presiones sociales. Del mismo modo, la Templanza puede evitar que la búsqueda de la justicia se convierta en fanatismo, recordándonos que debemos buscar soluciones equilibradas que beneficien a la comunidad en su conjunto. Esta interrelación entre las virtudes garantiza que la práctica de una refuerce y eleve a las otras, esbozando un enfoque integral hacia el desarrollo moral y personal.

Fomentando la autoevaluación

La comprensión y el cultivo de estas virtudes se originan en la práctica de la autoevaluación, que implica una reflexión honesta sobre nuestras fortalezas actuales y aquellas áreas que requieren un profundo desarrollo. Es posible que te sientas naturalmente alineado con la virtud de la Justicia, participando con facilidad en el servicio comunitario y en la defensa de causas justas. Sin embargo, podrías tener dificultades con la Templanza, ya que te cuesta decir que no o moderar los deseos que conducen a los excesos. Al identificar estas inclinaciones naturales, así como las áreas de dificultad, puedes enfocar tus esfuerzos en cultivar un equilibrio virtuoso, asegurándote de que ninguna virtud permanezca descuidada.

La práctica de la autorreflexión periódica puede verse fortalecida mediante la implementación de un diario de virtudes, en el que las anotaciones diarias o semanales se centren en las acciones realizadas, las decisiones tomadas y su alineación con las virtudes estoicas. Esta práctica no sólo mejora el autoconocimiento, sino que también promueve una vida proactiva que se ajusta sistemáticamente a los ideales estoicos. Con el tiempo, esta práctica reflexiva puede profundizar tu comprensión acerca de cómo operan estas virtudes en tu vida y cómo puedes integrarlas conscientemente en tus acciones diarias y en tus decisiones de mayor envergadura.

En esencia, las virtudes estoicas ofrecen un marco de vida que promueve no sólo el bienestar individual, sino que también propugna el bienestar colectivo, generando un efecto dominó que se extiende desde las acciones individuales hasta la armonía social. Al perseguir la encarnación de la Sabiduría, el Coraje, la Justicia y la Templanza en todos los matices de nuestra existencia, nos embarcamos en un proceso continuo de refinamiento ético y crecimiento personal que se manifiesta tanto en los desafíos como en las recompensas a través del camino.

EUDAIMONÍA: LA CONCEPCIÓN ESTOICA DE UNA VIDA FLORECIENTE

En el corazón de la filosofía estoica reside la búsqueda de la Eudaimonía, un término que ha resonado profundamente a través de los tiempos, encarnando la manifestación suprema del bien humano. Pero, ¿qué significa exactamente Eudaimonía? En su traducción más simple, significa "florecimiento" o "felicidad";

sin embargo, dentro del marco estoico, este concepto trasciende la simple satisfacción hedonista y se establece como una calidad de vida alcanzada a través del cultivo meticuloso de la virtud y de una vida regida por la razón. A diferencia de los placeres fugaces que son buscados en los caminos hedonistas, que a menudo dependen de circunstancias externas y pueden conducir a una satisfacción efímera, la Eudaimonía representa un estado de bienestar perdurable que emana de una existencia vivida en armonía con la propia naturaleza racional del ser humano.

La distinción entre las nociones comunes de felicidad y la felicidad estoica es crucial y profundamente liberadora. Mientras que la sociedad contemporánea suele equiparar la felicidad con el éxito externo -riqueza, popularidad y lujo-, el estoicismo nos invita a cambiar nuestro enfoque hacia el interior. Enseña que la verdadera felicidad no se encuentra en las adquisiciones externas ni en los placeres sensoriales, sino en el desarrollo de las virtudes interiores: Sabiduría, Calor, Justicia y Templanza. Este enfoque de la felicidad es estable y sostenible ya que los inevitables desafíos y cambios de la vida no logran alterarla con facilidad.

Alcanzar la Eudaimonía requiere algo más que una comprensión intelectual; exige un compromiso práctico con las exigencias cotidianas de la vida a través de una lente estoica, lo que implica una reflexión constante sobre las propias acciones, asegurándose de que están en consonancia con los valores personales y morales. Una práctica que puede apoyar e ilustrar este compromiso es el "journaling" o escritura en un diario, un método adoptado por muchos estoicos, tanto antiguos como modernos, como forma de reflexionar sobre las experiencias diarias y evaluarlas en función de los principios estoicos. Este hábito fomenta la atención plena y la autoevaluación, promoviendo una vida que no sólo propugna la virtud, sino que la practica activamente.

Además, alinear la vida con los propios valores en el sentido estoico, implica priorizar acciones y elecciones que potencien la virtud personal y, al mismo tiempo, contribuyan al bien común. Implica preguntarse regularmente: "¿Es justa esta acción? ¿Esta decisión favorecerá mi templanza? ¿Estoy enfrentando con coraje este desafío?" Tales interrogantes guían al practicante estoico hacia acciones que no sólo son beneficiosas para el individuo, sino también para la sociedad en su conjunto, ampliando así el alcance de la Eudaimonía para incluir el bienestar de la comunidad y las relaciones interpersonales.

Abundan las anécdotas históricas y contemporáneas con ejemplos de individuos que han alcanzado la Eudaimonía a pesar de las circunstancias difíciles. Considera el caso del almirante James Stockdale, que estuvo cautivo durante la guerra de Vietnam. Stockdale atribuyó su supervivencia y resiliencia a los principios del estoicismo, en particular a las enseñanzas de Epicteto, cuyas obras había estudiado antes de su captura. Su experiencia estuvo marcada por severas privaciones e incertidumbres; sin embargo, su compromiso con los principios estoicos le proporcionó un marco para mantener la claridad mental, la integridad moral y, en última instancia, un profundo sentido de realización personal, incluso en cautiverio. Su vivencia subraya la creencia estoica de que las condiciones externas no definen nuestra felicidad ni nuestra capacidad para vivir una vida plena.

En contextos más cotidianos, consideremos a un profesional que practica el Estoicismo en medio de una carrera volátil en un entorno de mucho estrés. Al enfocarse en mantener la integridad, aplicar el juicio racional y gestionar sus reacciones personales ante la dinámica laboral, este individuo cultiva una vida profesional que no sólo alcanza las métricas externas del éxito, sino que también mantiene la paz interior y los estándares éticos, encarnando así el ideal estoico de la Eudaimonía.

La integración de la comunidad y las relaciones interpersonales también es vital en la búsqueda de la Eudaimonía. El estoicismo enseña que los humanos somos criaturas inherentemente sociales, y que nuestro bienestar está profundamente relacionado con el de los demás. Comprometernos positivamente con nuestras comunidades -ya sea ofreciendo apoyo en tiempos difíciles, participando en actividades de desarrollo comunitarios o fomentando entornos de respeto y comprensión mutuos- mejora nuestro sentido de conexión y humanidad compartida. Esta participación no sólo enriquece nuestras propias vidas, sino que también reafirma nuestro compromiso con los principios estoicos de justicia y equidad, fomentando un entorno social más amplio en el que pueda florecer la Eudaimonía.

De este modo, el camino hacia la Eudaimonía no es un trayecto solitario, sino una interacción dinámica con el mundo, guiada por principios racionales y un compromiso con la virtud. Es un estado que se cultiva continuamente mediante acciones meditadas, prácticas reflexivas y compromisos significativos con los demás. De este modo, el estoicismo ofrece no sólo una visión filosófica de la felicidad, sino un marco sólido y práctico para una vida plena. Tanto si te enfrentas a la adversidad como si celebras el éxito, la búsqueda estoica de la Eudaimonía te proporciona una brújula firme, que garantiza que todos los aspectos de tu vida se aborden con sabiduría, integridad y la profunda tranquilidad que proporciona vivir en consonancia con los valores más nobles.

2

LOS FILÓSOFOS ESTOICOS: VIDAS Y LECCIONES

Al adentrarnos en la esencia del estoicismo, se revela con claridad que las vidas de sus filósofos son tan instructivas como sus enseñanzas. Entre estas venerables figuras, Séneca destaca no sólo por sus ideas filosóficas, sino por su tumultuosa vida, la cual ofrece una lección profundamente enriquecedora sobre resiliencia y paz interior. Sus experiencias, plagadas de intrigas políticas y dificultades personales, junto con sus reflexivos escritos, ofrecen una rica fuente de orientación para cualquiera que se enfrente a las vicisitudes de la vida moderna.

REFLEXIONES DE SÉNECA SOBRE LA RESILIENCIA Y LA PAZ INTERIOR

Los desafíos personales de Séneca

Lucio Anneo Séneca, comúnmente conocido como Séneca el

Joven, tuvo una vida colmada de dualidades, opulencia y privación, influencias y amenazas. Su trayectoria en el intrincado y a menudo traicionero ámbito de la política romana le llevó a la cima de la influencia como consejero del emperador Nerón, para luego ser desterrado al exilio en Córcega bajo el mando de Claudio. Este destierro, fruto de acusaciones por una supuesta aventura con la hermana de Calígula, fue un periodo de profundo sufrimiento personal e introspección para Séneca. Sin embargo, fue también durante este tiempo cuando compuso algunas de sus obras más conmovedoras sobre el estoicismo, reflexionando sobre la naturaleza de la adversidad y la condición humana. Su eventual regreso a Roma y posterior ascenso al poder no sirvieron para garantizar su seguridad, ya que más tarde se enfrentó a un suicidio instado por parte del cada vez más paranoico Nerón. A través de todas estas fluctuaciones de la fortuna, los escritos y acciones de Séneca reflejaron un profundo compromiso con los principios estoicos, haciendo hincapié en la resiliencia, la integridad ética y la búsqueda de la tranquilidad en medio del caos.

Enseñanzas sobre la resiliencia

Las prolíficas obras de Séneca, enriquecidas con introspecciones personales sobre sus propias experiencias, ofrecen reflexiones atemporales respecto al cultivo de la resiliencia. En sus ensayos morales y correspondencias, aborda con frecuencia la importancia de la resiliencia ante la adversidad, abogando por una perspectiva que interprete los obstáculos no meramente como infortunios, sino como oportunidades para el crecimiento y la afirmación del carácter. Por ejemplo, en sus *Cartas de un estoico*, Séneca aconseja: "El espectáculo más valiente del mundo es ver a un gran hombre luchar contra la adversidad". Sus cartas a sus amigos y contemporáneos políticos están repletas de consejos sobre cómo mantener la compostura y la integridad sin importar las circunstancias externas. Enseña que la verdadera resiliencia no consiste en evitar la adversidad, sino en afrontar los desafíos de modo que se refinen y afirmen las propias virtudes.

Aplicación moderna de la resiliencia de Séneca

En el contexto actual, las ideas de Séneca sobre la resiliencia tienen profundas implicaciones, sobre todo cuando se afrontan reveses profesionales o pérdidas personales. Imagina que te enfrentas a un revés profesional repentino, como el fracaso de un proyecto o la pérdida de un empleo. Aplicando los principios de Séneca, no te centrarías en la pérdida en sí, sino en tu respuesta a ella. Esto podría implicar considerar el revés como una oportunidad para reevaluar tu trayectoria profesional, desarrollar nuevas habilidades o fortalecer tu red profesional. Del mismo modo, ante una pérdida personal, el consejo de Séneca te guiaría para encontrar consuelo en la aceptación de la transitoriedad de la vida y a encontrar la paz valorando los recuerdos y las lecciones aprendidas de tus seres queridos.

El papel de la paz interior

Para Séneca, la resiliencia se entrelaza de manera intrínseca con la consecución de la paz interior. Establece la premisa que la verdadera paz constituye un estado interno que no puede ser perturbado por el caos externo. En su concepción, se puede alcanzar la paz interior mediante la aceptación del destino y la comprensión de que el sufrimiento y las dificultades forman parte de la experiencia humana. Esta aceptación no es una resignación pasiva, sino un reconocimiento activo y racional que permite mantener la compostura y la claridad de pensamiento en cualquier contexto. Así, para Séneca, el cultivo de la paz interior requiere del ejercicio constante de la reflexión, el autoexamen y la decisión deliberada de enfrentar los retos de la vida con ecuanimidad y razón.

Ejercicio de visualización: Encuentra tu centro estoico

Para integrar las enseñanzas de Séneca en tu vida cotidiana, considera este sencillo ejercicio de visualización profundamente introspectivo. Busca un entorno tranquilo y dedica unos momentos a calmar tu mente mediante respiraciones profundas y conscientes. A continuación, visualiza un acontecimiento reciente que te haya causado angustia. Ahora, replantéate el suceso desde una perspectiva estoica, centrándote en el control sobre tu respuesta más que en el suceso en sí. Pregúntate qué virtudes podrías aplicar a esta situación, como la templanza, el coraje o la sabiduría. Reflexiona sobre cómo una modificación en tu respuesta no solo afectaría el resultado externo, sino que también transformaría tu experiencia interna. Este ejercicio puede ser un vehículo eficaz para cultivar un enfoque más resiliente y sereno frente a los desafíos intrínsecos de la existencia.

A través de sus vivencias y escritos, Séneca se erige como un ejemplo paradigmático que ilustra cómo es posible vivir la filosofía estoica, incluso ante la adversidad extrema. Sus profundas reflexiones sobre la resiliencia y la paz interior proporcionan orientaciones valiosas para navegar las complejidades de la vida contemporánea. Nos enseña que, al dirigir nuestra atención hacia nuestras respuestas internas y fomentar el cultivo de la tranquilidad, podemos enfrentarnos a cualquier circunstancia con una lucidez y fortaleza renovadas.

MARCO AURELIO: UN DÍA EN LA VIDA DE UN EMPERADOR ESTOICO

Imagina el sol asomando sobre la antigua ciudad de Roma, con su primera luz proyectando largas sombras tras las columnas de mármol del Palacio Imperial. En este panorama histórico, encontramos a Marco Aurelio, quien no solo actúa como soberano de un vasto imperio, sino que, simultáneamente, se presenta como un devoto practicante del estoicismo, entretejiendo los principios de esta filosofía en el entramado mismo de su vida cotidiana. Sus días, rigurosamente estructurados pero reflexivos, sirven de profundo ejemplo de cómo el estoicismo puede infundir sabiduría, equilibrio y rigor ético en el cumplimiento de los deberes.

Las mañanas de Marco Aurelio comenzaban probablemente antes del amanecer, un tiempo reservado a la soledad y a la primera de sus prácticas meditativas. En la quietud de esas horas previas al amanecer, el emperador reflexionaba sobre el día que tenía por delante, preparándose mentalmente para hacer frente a sus responsabilidades no sólo como gobernante, sino como filósofo estoico. Estos momentos de reflexión eran cruciales, pues le permitían alinear sus acciones con sus valores, asegurándose de que cada decisión se tomara no por el afán de gloria personal, sino en beneficio del bien común de su pueblo. Su compromiso con el estoicismo influyó profundamente en su forma de gobernar, haciendo hincapié en la justicia, la templanza y el bienestar colectivo por encima de las fáciles tentaciones inherentes al poder y al lujo.

Las obligaciones estatales consumían la mayor parte de su jornada: reuniones con jefes militares, discusiones con asesores y la interminable resolución de disputas dentro del imperio. No obstante, incluso en medio de este torbellino de actividad, Marco Aurelio seguía siendo un filósofo de corazón. Su punto de vista estoico era evidente en sus respuestas mesuradas y en el ritmo deliberado con que abordaba cada asunto, encarnando el ideal estoico de la deliberación reflexiva. A menudo se recordaba a sí mismo y a los que le rodeaban que el verdadero papel de un líder es el de servir a su comunidad, un concepto profundamente arraigado en la ética estoica. Cada decisión, cada ley promulgada y cada conflicto resuelto eran considerados a través del prisma del servicio al bienestar colectivo, reflejando su inquebrantable compromiso con la justicia y la virtud.

Las prácticas meditativas de Marco Aurelio

Parte integrante de la rutina diaria de Marco Aurelio eran sus prácticas meditativas, que no sólo eran reflexiones personales, sino que también constituían la base de sus escritos en las

Meditaciones. Estos escritos, una serie de notas personales, pensamientos y recordatorios, ofrecen una ventana única a su alma, revelando a un hombre que buscaba la sabiduría y la virtud en todos los aspectos de su vida. *Las Meditaciones* no se configuran como un tratado filosófico en el sentido estricto, sino que se presentan como un diario personal lleno de sus luchas, reflexiones y resoluciones. En los pasajes en los que reflexiona sobre aceptar las cosas que no puede cambiar o centrarse en sus mejoras en lugar de criticar a los demás, vemos su compromiso con los principios estoicos, como la dicotomía del control y la importancia del dominio sobre uno mismo.

Es razonable suponer que estas meditaciones eran elaboradas durante momentos de tranquilidad, quizás al caer la noche, mientras reflexionaba sobre los eventos del día. Servían como una especie de auto-diálogo, una forma en que Marco Aurelio se aconsejaba a sí mismo para mantenerse fiel a su camino estoico en medio de las inmensas presiones de la vida imperial. Sus escritos enfatizan la imperiosa necesidad de la autorreflexión, no solo encontrar altura moral en medio de la vida política, sino también mantener la paz interior en un contexto externo marcado por el caos y la complejidad.

Lecciones de liderazgo de Marco Aurelio

El estilo de liderazgo de Marco Aurelio, profundamente influenciado por sus creencias estoicas, ofrece lecciones atemporales en la gobernanza ética y efectiva. Su reinado, a menudo marcado por la justicia y una auténtica preocupación por el bienestar de sus súbditos, contrasta con el gobierno frecuentemente tiránico de otros emperadores romanos. Su enfoque subraya la creencia estoica de que el poder debe ejercerse con responsabilidad y moderación, y que la medida de un verdadero líder no es el alcance de su poder, sino cómo lo utiliza para el beneficio de los demás.

Los líderes modernos pueden aprender mucho de su ejemplo, sobre todo en los ámbitos de los negocios y la política, donde los desafíos éticos son omnipresentes. El énfasis de Marco Aurelio en la virtud y la integridad en el liderazgo, su interés por servir en lugar de dominar y su compromiso con el desarrollo ético personal son principios que pueden influir profundamente en las prácticas de liderazgo contemporáneas. En un mundo en el que los líderes suelen dejarse llevar por la ambición personal o las presiones externas, el modelo estoico propugnado por Marco Aurelio ofrece una alternativa convincente, promoviendo un estilo de liderazgo que es tanto moralmente fundado como efectivo.

Examinando su legado

El legado de Marco Aurelio se extiende mucho más allá de su reinado como emperador. Su vida y sus escritos han influido en innumerables personas a lo largo de los siglos, reforzando su estatus no sólo como figura política, sino como filósofo-rey. La encarnación de los principios estoicos en su vida, sobre todo bajo la presión de las responsabilidades imperiales, ofrece un poderoso ejemplo de cómo la filosofía puede vivirse en la práctica, no sólo contemplarse en la teoría.

Su impacto en la sociedad romana fue profundo, inculcando valores de justicia, templanza y racionalidad en una época en que tales cualidades se veían a menudo ensombrecidas por la corrupción y la decadencia. Además, sus escritos en las *Meditaciones* han perdurado como una de las expresiones más precisas de la filosofía estoica, proporcionando guía e inspiración a quienes buscan comprender e implementar los principios estoicos en sus vidas. Con su ejemplo, Marco Aurelio sigue siendo un faro de cómo se puede ejercer un gran poder con gran responsabilidad, guiado por la sabiduría de la filosofía estoica. Su vida nos recuerda que la verdadera prueba de nuestros principios no es cómo los esgrimimos en los momentos de tranquilidad, sino cómo nos aferramos a ellos en tiempos de adversidad.

EPICTETO. SOBRE LA LIBERTAD Y LA ILUSIÓN DE CONTROL

Epicteto, cuyas humildes raíces contrastan fuertemente con la estatura filosófica que finalmente alcanzó, ofrece una de las narrativas más convincentes de la filosofía estoica. Nacido como esclavo en el Imperio Romano, los primeros años de la vida de Epicteto estuvieron marcados por limitaciones y penurias que cualquiera podría suponer que coartarían su espíritu. Sin embargo, su trayecto desde la esclavitud hasta convertirse en un venerado maestro estoico subraya una creencia fundamental del estoicismo: la verdadera libertad es un estado mental, no una condición física. Esta creencia dio forma a sus enseñanzas, que influyeron profundamente no sólo en sus contemporáneos, sino también en innumerables individuos a lo largo de los siglos.

La filosofía de Epicteto se centra en la dicotomía del control, un concepto que abordó con profunda claridad y sencillez. Nos enseñó que comprender lo que podemos controlar y lo que no es el primer paso hacia la libertad. En sus discursos, afirmó célebremente: "Algunas cosas están bajo nuestro control y otras no". Las cosas que están bajo nuestro control son nuestras opiniones, aspiraciones, deseos y las cosas que nos generan rechazo. En estas áreas es donde ejercemos verdadero poder. Por el contrario, las cosas que no podemos controlar incluyen nuestro cuerpo, posesiones, reputación y estatus social, elementos que a menudo se consideran erróneamente como fuentes de libertad o poder.

Esta enseñanza es revolucionaria porque desplaza el enfoque de las adquisiciones o condiciones externas a la fortaleza interna y la resiliencia. Para Epicteto, la esencia de la libertad reside en dominar el propio estado interno, cultivar las virtudes y responder a los acontecimientos externos con sabiduría y ecuanimidad. Esta perspectiva es increíblemente fortalecedora, pues sugiere que, independientemente de las circunstancias externas de cada uno -tanto sea un director general, un mando intermedio o un recién licenciado que se incorpora al mundo laboral-, la capacidad de libertad y eficacia personales reside fundamentalmente en el interior.

La aplicación de las ideas de Epicteto sobre la libertad y el control puede influir profundamente en la forma en que las personas afrontan los retos personales y profesionales de hoy en día. En el ámbito profesional, considera el escenario de enfrentarte a un despido inesperado o a cambios organizativos sustanciales, situaciones típicamente cargadas de incertidumbre y estrés. En lugar de dejarte consumir por la ansiedad de lo desconocido o fijarte obsesivamente en la inestabilidad, puedes aplicar las enseñanzas de Epicteto centrándote en tu respuesta al cambio. Esto podría implicar la búsqueda proactiva de nuevas oportunidades, la mejora de tus habilidades o incluso la reevaluación de tu trayectoria profesional para alinearla más estrechamente con tus valores e intereses fundamentales. Al centrarte en estas áreas -que están claramente bajo tu control- no sólo mantendrás un sentido de autonomía personal, sino que también convertirás la posible adversidad en un catalizador para el crecimiento.

En tu vida personal, la filosofía de Epicteto puede ser igualmente transformadora. Considera las relaciones personales, que a menudo implican complejidades que pueden conducir a la frustración o al descontento. Epicteto te aconsejaría centrarte en tus acciones y reacciones individuales -elementos que puedes controlar- en lugar de intentar cambiar a la otra persona. Este enfoque fomenta unas relaciones más sanas, basadas en la comprensión y el respeto de los límites personales, en vez de en el conflicto y el vano deseo de controlar a los demás.

Las implicaciones de las enseñanzas de Epicteto para el empoderamiento personal son profundas. Su vida es un testimonio de la idea de que las condiciones externas no nos definen, sino que nuestras respuestas internas a esas condiciones conforman nuestra libertad y felicidad. Esta perspectiva fomenta un enfoque proactivo de la vida, en el que los desafíos no se ven como barreras, sino como oportunidades para reforzar y expresar nuestros valores y virtudes. Enseña que el empoderamiento personal se deriva de la disciplina mental y la perspicacia filosófica, cualidades que nos permiten afrontar los cambios de la vida con confianza y aplomo.

La narrativa y las enseñanzas de Epicteto continúan resonando porque abordan una búsqueda universal de libertad y felicidad, una búsqueda que es tan relevante hoy como lo fue en la antigüedad. Su énfasis en el control interno, junto con las estrategias prácticas que propone, proporciona un marco sólido para vivir una vida plena y libre, independientemente de las circunstancias externas. Al interiorizar y aplicar estos principios, puedes cultivar un enfoque resiliente y empoderador ante los desafíos personales y profesionales, encarnando el verdadero espíritu de la libertad estoica.

ESTOICOS MODERNOS: CÓMO LOS PENSADORES DE HOY APLICAN LA SABIDURÍA ANTIGUA

El resurgimiento del estoicismo en la sociedad contemporánea no es un mero renacimiento, sino una vibrante reinvención, que adapta la sabiduría antigua a las necesidades y desafíos del mundo moderno. En la actualidad, una variada gama de filósofos, escritores y líderes del pensamiento han adoptado los principios estoicos, infundiéndolos en su trabajo y en su vida cotidiana. Estos estoicos modernos no sólo interpretan la filosofía estoica para el público actual, sino que también demuestran activamente su relevancia y aplicabilidad en diversos campos.

Una figura notable en el ámbito del estoicismo moderno es Ryan Holiday, cuyas obras como *El obstáculo es el camino* y *El diario estoico* han introducido la filosofía estoica a un amplio público, destacando su utilidad para superar retos personales y profesionales. Los escritos de Holiday destilan complejos conceptos estoicos en consejos prácticos, haciéndolos accesibles y aplicables a lectores de todo el mundo. Su enfoque subraya la creencia estoica de que los obstáculos no son impedimentos, sino oportunidades de crecimiento, un mensaje que resuena profundamente en el acelerado mundo actual, cargado de desafíos.

Del mismo modo, Massimo Pigliucci, filósofo y autor de *Cómo ser un estoico*, encarna la aplicación práctica del estoicismo a través de su combinación de anécdotas personales y discurso filosófico. Pigliucci explora las dimensiones éticas y prácticas del estoicismo y anima a los lectores a vivir una vida más reflexiva. Su obra no sólo desarrolla los aspectos teóricos del estoicismo, sino que también proporciona ejemplos concretos de cómo aplicar estos principios en situaciones cotidianas, desde el manejo del estrés en el trabajo hasta la gestión de las relaciones personales.

La influencia del estoicismo también se hace evidente en el campo de la psicología, sobre todo en el desarrollo de la terapia cognitivo-conductual (TCC), que comparte muchos principios con el pensamiento estoico. El trabajo de Donald Robertson, terapeuta cognitivo-conductual y autor de *Piensa como un filósofo griego*, ilustra cómo integrar las técnicas estoicas de gestión de pensamientos y emociones en las prácticas terapéuticas modernas. La integración de filosofía y psicología que propone

Robertson demuestra la adaptabilidad de las ideas estoicas, probando que pueden proporcionar marcos sólidos para la salud mental y el bienestar en el siglo XXI.

En el ámbito empresarial, el estoicismo ha sido adoptado por líderes y empresarios que utilizan sus enseñanzas para fomentar la resiliencia, el liderazgo ético y un enfoque equilibrado del éxito. Tim Ferriss, empresario y autor, habla con frecuencia del impacto del estoicismo en su enfoque de los negocios y la productividad personal. Defendiendo prácticas como el ejercicio de "definición del miedo" -que consiste en definir y afrontar los miedos para superar la procrastinación y asumir riesgos calculados- Ferriss ilustra cómo utilizar eficazmente los principios estoicos para alcanzar el éxito profesional y la realización personal.

La comunidad estoica mundial ha experimentado un crecimiento significativo, facilitado por el auge de las plataformas digitales y los medios sociales. Los foros en línea, los blogs y las conferencias virtuales han permitido que personas de diversas partes del mundo se conecten, compartan experiencias y aprendan unos de otros, fomentando un sentimiento de conexión global y de experiencia humana compartida. Estas comunidades proporcionan un espacio para el diálogo y la colaboración continuos, garantizando que la filosofía estoica siga siendo una tradición viva y en constante evolución. A través de podcasts, seminarios web interactivos y cursos en línea, los estoicos modernos siguen explorando y ampliando los límites de la filosofía estoica, haciéndola relevante para diversos públicos y temáticas contemporáneas.

Mientras el estoicismo sigue inspirando e influyendo en personas de todo el mundo, está claro que esta antigua filosofía conserva su poder y relevancia. Sus principios de resiliencia, racionalidad y virtud ofrecen soluciones atemporales a los problemas modernos, proporcionando a las personas y a las comunidades las herramientas que necesitan para llevar vidas más reflexivas, productivas y significativas. La obra de los estoicos modernos no sólo conserva el legado de pensadores antiguos como Marco Aurelio y Séneca, sino que lo enriquece, demostrando que la sabiduría estoica no se limita al pasado, sino que es una guía viva y palpitante para vivir bien en el presente.

Al concluir esta exploración del estoicismo moderno, es evidente que los ecos del antiguo pensamiento estoico continúan resonando a través del tiempo, adaptados por voces contemporáneas en un sólido marco para vivir en el complejo mundo actual. Las lecciones extraídas, tanto de los estoicos históricos como de los modernos, nos proporcionan inestimables conocimientos sobre el arte de vivir, enfatizando que la verdadera satisfacción y el éxito no se alcanzan mediante logros externos, sino mediante el cultivo de la virtud, la resiliencia y la racionalidad.

En el próximo capítulo, profundizaremos en el estoicismo práctico, examinando herramientas y técnicas específicas que puedes aplicar en tu vida cotidiana para aprovechar al máximo el potencial de la filosofía estoica. Acompáñanos mientras exploramos cómo convertir las ideas filosóficas en acciones cotidianas, llevando el estoicismo al corazón de tus experiencias e interacciones diarias.

3

ESTOICISMO PRÁCTICO: HERRAMIENTAS PARA HOY EN DÍA

En la vorágine de la vida cotidiana, donde las decisiones se ciernen sobre ti desde el momento en que te tomas el primer sorbo de café por la mañana hasta que apagas la lámpara junto a la cama, ¿cómo te aseguras de que tus elecciones no son sólo reactivas, sino reflexivas y alineadas con tus valores más profundos? En este contexto, el estoicismo, lejos de ser una polvorienta reliquia del pasado, se presenta en el escenario contemporáneo con claridad y propósito renovados. No sólo ofrece una forma de entender el mundo, sino las herramientas prácticas para navegar a través de sus complejidades. Al profundizar en los aspectos prácticos del Estoicismo, descubriremos cómo simplificar decisiones complejas, aplicar marcos eficaces y comprobar los beneficios de estas prácticas a través de ejemplos concretos de la vida real.

SIMPLIFICANDO LOS PRINCIPIOS ESTOICOS PARA LA TOMA DE DECISIONES DIARIA

El estoicismo nos enseña que la esencia de una buena toma de decisiones reside en reconocer lo que está bajo nuestro control y lo que no. Esta comprensión es crucial porque nos libera de la frustración de intentar influir en lo que no podemos cambiar y dirige nuestra energía hacia lo que realmente podemos afectar. Destilando los principios estoicos en consejos sencillos y aplicables, podemos hacer de esta sabiduría una herramienta sustancial para nuestra vida cotidiana.

Una forma eficaz de aplicar la sabiduría estoica es utilizar la Dicotomía del Control para evaluar las situaciones. Cuando te enfrentes a una decisión, pregúntate "¿Esto está bajo mi control?" Si la respuesta es afirmativa, procede con acciones que puedan influir en el resultado; si es negativa, céntrate en tu respuesta a la situación. Este sencillo marco puede simplificar drásticamente el proceso de toma de decisiones, eliminando preocupaciones innecesarias y concentrando tus esfuerzos en áreas en las que puedes tener un impacto real.

Consideremos un escenario habitual: un desacuerdo en una reunión familiar. En este caso, no puedes controlar las opiniones o emociones de los demás, pero puedes controlar tus respuestas y acciones. Un enfoque estoico consistiría en mantener la calma, escuchar activamente y responder con respeto y claridad, buscando el entendimiento más que la victoria. Esto no sólo reduce el estrés personal, sino que a menudo conduce a interacciones más productivas y armoniosas.

Otro ámbito en el que los principios estoicos resultan inestimables es el de las decisiones profesionales. Al contemplar un cambio de empleo, por ejemplo, céntrate en elementos como la preparación de tu currículum, la adquisición de nuevas habilidades o la creación de redes, factores que puedes controlar. Preocúpate menos por las fluctuaciones del mercado laboral o de las decisiones de los posibles empleadores, ya que están fuera de tu influencia inmediata. Este enfoque no sólo hará que el proceso sea menos desalentador, sino que también mejorará tu preparación, convirtiéndote en un candidato más convincente cuando surja la oportunidad.

La reflexión regular es la clave para reforzar estos marcos de toma de decisiones. Haz una revisión nocturna examinando las decisiones que has tomado a lo largo del día, evaluándolas a través de la lente de los principios estoicos. Esta práctica no sólo profundizará tu comprensión del estoicismo, sino que también podrás incorporar su sabiduría a tu rutina diaria, transformando gradualmente tu enfoque de la toma de decisiones.

Ejercicio de reflexión: Revisión nocturna

Cada noche, dedica unos momentos a reflexionar sobre una decisión importante que hayas tomado ese día. Escríbela en un diario y evalúala según los siguientes parámetros:

- ¿Qué aspectos de la situación estaban bajo tu control?
- ¿Cómo respondiste a esos aspectos?
- ¿Cuáles fueron los resultados y cómo se alinean con tus valores estoicos?

Este sencillo ejercicio puede proporcionarte una visión profunda de tu proceso de toma de decisiones y ayudarte a cultivar un enfoque más estoico de los desafíos cotidianos.

Al incorporar estos principios estoicos simplificados en tu proceso cotidiano de toma de decisiones, no solo te permites gestionar la vida de manera más llevadera, sino que también la dotas de un significado más profundo. La claridad que surge de enfocarte en lo que puedes controlar, combinada con la estructura ética proporcionada por las cualidades estoicas, te prepara para enfrentar las complejidades de la vida con confianza y serenidad. En este capítulo continuaremos explorando herramientas estoicas prácticas que puedes integrar a diversos aspectos de tu vida cotidiana potenciando tanto tu crecimiento personal como tu impacto en el mundo que te rodea.

LA RUTINA MATUTINA ESTOICA: COMIENZA EL DÍA CON SERENIDAD

Imagina que no recibes cada día con una oleada de ansiedad o un aluvión de correos electrónicos sin revisar, sino con un instante de serena contemplación. Un ritual matutino estoico puede proporcionarte precisamente eso: un comienzo estructurado del día que enfoque tus pensamientos y fundamente tus acciones en la sabiduría estoica. Una rutina de este tipo suele incluir la meditación, la escritura reflexiva y la lectura de textos estoicos, cada una de ellas entrelazándose para cultivar una mentalidad de calma y claridad.

La meditación, en el sentido estoico, implica centrarse en la atención plena y la permanencia en el presente. Esta práctica no trata sólo de la tranquilidad, sino de preparar la mente para afrontar los desafíos del día centrándose en lo que puedes controlar. Podrías dedicar unos minutos cada mañana a reflexionar en silencio, considerando el día que tienes por delante y recordándote tu capacidad para afrontarlo con serenidad y racionalidad. Esta meditación diaria te ayudará a anclarte en el presente, alejando tu mente de los "qué pasaría si..." y de las preocupaciones por el futuro que tan a menudo pueden desestabilizar tu día antes incluso de que comience.

La escritura reflexiva también desempeña un papel crucial en la rutina matutina estoica. No se trata simplemente de registrar los acontecimientos, sino de reflexionar sobre tus interacciones y pensamientos a través de la lente de la filosofía estoica. ¿Qué virtudes lograste practicar ayer? ¿Qué podrías haber manejado con más sabiduría? ¿Qué oportunidades tienes hoy de practicar el estoicismo? Estas anotaciones matutinas pueden ayudarte a establecer un tono deliberado para tu día, que se alinee con ideales estoicos como la sabiduría, la justicia, el coraje y la moderación.

La lectura de textos estoicos cada mañana, ya sea de las *Meditaciones* de Marco Aurelio o del *Enquiridión* de Epicteto, sirve como recordatorio diario de los principios bajo los que aspiras a vivir. Estas lecturas proporcionan ideas filosóficas sobre las que puedes reflexionar a lo largo del día, sirviéndote de guía en momentos de dificultad o frente a la toma de decisiones. Las palabras de estos filósofos estoicos nos recuerdan la resiliencia y la fortaleza moral a las que podemos aspirar, proporcionándonos tanto consuelo como desafío al iniciar nuestra jornada.

Este comienzo estructurado no consiste en atenerse rígidamente a una lista de comprobación, sino en crear un espacio para la preparación mental y emocional. Se trata de empezar el día con un ritual que refuerce tus valores y centre tu mente, estableciendo un tono de calma y propósito. Estos momentos de serenidad matutina no son meras pausas en el ajetreo de la vida; son inversiones en una existencia más reflexiva, eficaz y equilibrada.

A lo largo del día, la práctica de la visualización puede ampliar los beneficios de tu rutina matutina. Antes de cada acontecimiento o decisión importante, dedica un momento a visualizar la situación que se avecina. Visualízate a ti mismo manejando el escenario con compostura y ateniéndote a los principios estoicos. ¿Cómo se manifestaría la sabiduría en esta situación? ¿Cómo podría demostrar coraje en este contexto? Esta práctica no sólo te prepara para los desafíos del día, sino que también refuerza tu compromiso continuo con los ideales estoicos.

Numerosas personas han descubierto que poner en práctica una rutina matutina de este tipo mejora significativamente su experiencia diaria. Consideremos el testimonio de una maestra de escuela que descubrió que comenzar su día con una meditación estoica y escribiendo en un diario le permitía afrontar los desafíos del aula con mucha más compostura y empatía. O el de un ejecutivo cuya rutina matutina de lectura y reflexión le llevó a un liderazgo y una toma de decisiones más conscientes. Estas historias destacan los beneficios prácticos de una mañana estoica: incremento de la calma, mejor toma de decisiones y un día constantemente alineado con los valores más profundos de cada uno.

Incorporar estas prácticas cada mañana establece una base de tranquilidad e intención, proporcionándote las herramientas para afrontar las complejidades del día con calma y sabiduría estoicas. Tanto si te enfrentas a desafíos profesionales como a decisiones personales o dificultades inesperadas, una mañana basada en la práctica estoica te preparará para afrontarlas con ecuanimidad y resolución. Éste es el poder de una mañana estoica: no cambiará el mundo exterior, pero transformará profundamente tu capacidad para relacionarte con él, fomentando un día vivido con intención, virtud y paz.

RESPUESTAS ESTOICAS A LOS DESAFÍOS HABITUALES EN EL ÁMBITO LABORAL

El entorno laboral moderno a menudo puede asemejarse a un campo de batalla donde las presiones de las fechas límites, colegas difíciles y la omnipresente incertidumbre laboral conspiran para perturbar nuestra paz mental. El estoicismo, con su enfoque en la tranquilidad interior y la respuesta racional, ofrece herramientas poderosas para superar estos desafíos habituales. Al comprender e implementar las estrategias estoicas, podrás transformar la forma en que interactúas con tu entorno laboral, manteniendo tanto la eficacia como la calma frente a las presiones diarias del ambiente laboral.

Una fuente predominante de estrés en cualquier trabajo es la presión de los plazos ajustados. La ansiedad de la carrera contra el reloj no sólo puede disminuir la calidad de tu trabajo, sino que también puede llevarte al agotamiento. En este caso, la práctica estoica de centrarse en el esfuerzo más que en el resultado puede ser especialmente beneficiosa. En lugar de fijarte en el plazo en sí -un factor que a menudo escapa a tu control- enfócate en hacer el mejor trabajo posible en el tiempo disponible. Este cambio de enfoque está en consonancia con el principio estoico de aceptar los acontecimientos externos tal y como ocurren, manteniendo el control sobre tus acciones y actitudes. Al hacerlo, no solo te sentirás más tranquilo, sino que a menudo también mejorarás tu eficiencia.

Los conflictos interpersonales con los compañeros de trabajo también plantean desafíos importantes en el ámbito laboral. El estoicismo nos enseña que los comportamientos y opiniones de los demás están fuera de nuestro control directo y, por ende, no deben dictar nuestro estado interior. Al tratar con colegas difíciles, aplica la estrategia estoica del juicio objetivo: considera estas interacciones como oportunidades para practicar la paciencia y la comprensión. Antes de reaccionar, haz una pausa y considera las intenciones que hay detrás de sus acciones, que a menudo se derivan de sus desafíos personales o inseguridades. Responder con empatía y mantener el decoro profesional no sólo difumina los posibles conflictos, sino que fomenta un ambiente de trabajo más positivo.

La inseguridad laboral es otro factor de estrés que puede provocar una gran ansiedad, dado su impacto directo en nuestros medios de vida y planes futuros. El estoicismo aborda este temor recordándonos la transitoriedad de todas las condiciones externas e instándonos a encontrar la seguridad dentro de nosotros mismos. Cultiva una "fortaleza interior" desarrollando habilidades y una mentalidad que potencien tus aptitudes y adaptabilidad. Céntrate en construir una sólida red profesional y en mantenerte al día de las tendencias del sector, lo que te preparará para afrontar cualquier cambio profesional que pueda producirse. Este enfoque proactivo no sólo mitiga el miedo, sino que te capacita para tomar las riendas de tu trayectoria profesional.

La comunicación asertiva en un ámbito laboral estoico

La comunicación eficaz es fundamental para gestionar el estrés en el lugar de trabajo y fomentar un entorno de colaboración. El estoicismo, que promueve la claridad de pensamiento y expresión, puede mejorar significativamente tus habilidades de comunicación. Al expresar tus necesidades o establecer límites, hazlo con claridad y respeto, asegurándote de que tu mensaje se comprenda pero no se imponga. Por ejemplo, si el plazo de entrega de un proyecto está provocando una carga de trabajo excesiva, explica con calma la situación a tu jefe, proponiendo soluciones viables o solicitando recursos adicionales. Este método de comunicación -no agresivo, sino asertivamente claro- garantiza que se respeten tus límites profesionales, mientras que mantienes relaciones positivas con tus colegas.

El concepto de "fortaleza interior" es particularmente relevante a la hora de desarrollar la resiliencia frente al estrés laboral. Esta metáfora estoica describe una fortaleza mental que protege tu núcleo racional y emocional de las perturbaciones externas. Construir tu fortaleza interior implica una autorreflexión regular, la práctica de la atención plena y la adhesión a tus valores éticos, elementos que en conjunto fortalecen tu resiliencia psicológica. Con una fortaleza interior fuerte, puedes enfrentarte a los desafíos laborales sin perder la compostura, tomando decisiones que reflejen tanto tu juicio profesional como tus principios estoicos.

Al aplicar estas estrategias estoicas a los desafíos cotidianos del ámbito laboral, no sólo aumentas tu eficacia profesional, sino que también contribuyes a crear un entorno laboral más saludable y armonioso. Estas prácticas te permiten afrontar las complejidades de tu trabajo con un comportamiento tranquilo y centrado, convirtiendo los desafíos diarios en oportunidades de crecimiento personal y profesional.

DESARROLLO DE LA RESILIENCIA EMOCIONAL MEDIANTE LA REFLEXIÓN ESTOICA

La resiliencia emocional, comprendida desde la óptica estoica, se define como la capacidad de soportar los desafíos de la vida con una actitud serena, adaptándose a las circunstancias cambiantes y recuperándose eficazmente de las adversidades. Esta resiliencia no es una aceptación pasiva, sino un compromiso activo con las dificultades de la propia existencia, abordadas con una mentalidad racional y equilibrada. Los estoicos sostienen que nuestras reacciones ante la adversidad (más que los acontecimientos en sí) conforman nuestra experiencia y nuestro carácter. Gestionando nuestras respuestas con sabiduría y ecuanimidad, cultivamos una resiliencia que no sólo nos permite resistir, sino también prosperar.

Las prácticas reflexivas constituyen un pilar fundamental en el desarrollo de la resiliencia estoica. Prácticas como la autoevaluación nocturna o las revisiones de las acciones y reacciones diarias, sirven como herramientas de introspección y superación personal. Te permiten diseccionar tu día, comprendiendo tus respuestas emocionales y evaluando hasta qué punto tus acciones se ajustan a principios estoicos como el valor y la justicia. Considera un día en el que te enfrentaste a una crítica importante en el ámbito profesional. Mediante la reflexión estoica, examinarías no sólo la crítica en sí, sino la forma en que respondiste a ella. ¿Te defendiste desde una perspectiva egoísta o abordaste la situación con una mentalidad abierta y constructiva? Al comprometerte en este ejercicio contemplativo de manera regular, profundizas en tu entendimiento de los patrones emocionales que gobiernan tu conducta, habilitándote para guiarlos con mayor conciencia y deliberación.

El papel de la adversidad en la práctica estoica es de suma importancia; se considera esencial para el crecimiento personal y el fortalecimiento del carácter. En la concepción estoica, la adversidad es vista como una forma de entrenamiento; de la misma manera que un atleta desarrolla su resistencia empujando su cuerpo a través del sufrimiento físico, nosotros también podemos mejorar nuestra resistencia emocional afrontando los desafíos de la vida y reflexionando sobre ellos. Esta perspectiva te anima a ver los obstáculos no como impedimentos para tu felicidad, sino como oportunidades para practicar la virtud y fortalecer tu espíritu. El valor reside en la manera en que nos relacionamos con estas adversidades, aplicando la sabiduría estoica para emerger más fuertes y capaces.

Las figuras históricas y contemporáneas nos ofrecen ejemplos convincentes de resiliencia estoica en acción. Consideremos el caso de Nelson Mandela, quien, durante sus 27 años en prisión, practicó una forma singular de resiliencia estoica, al mantener una autodisciplina rigurosa y aprovechar ese tiempo para la reflexión profunda y la planificación. A pesar de las condiciones adversas, Mandela centró su atención en lo que podía controlar—su mente y su espíritu—y emergió como un líder fundamental, encarnando virtudes estoicas como la resistencia, la dignidad y el perdón. En el contexto moderno, considera a los directores generales y líderes que se enfrentan constantemente a los volátiles altibajos del mundo empresarial. Aquellos que emplean prácticas estoicas no solo ven las crisis como retos que deben ser superados, sino como oportunidades para refinar sus estrategias y cualidades de liderazgo. Estos líderes emplean la reflexión estoica para evaluar tanto sus éxitos como sus fracasos, aprendiendo de cada experiencia con el fin de guiar sus acciones futuras con mayor sabiduría.

Estas reflexiones y el cultivo de la resiliencia que fomentan no se limitan a la mera supervivencia o el éxito personal, son, en esencia, un llamado a contribuir al mundo con mayor fortaleza y sabiduría. Al integrar estas prácticas en tu vida cotidiana, no sólo desarrollas tu capacidad para superar los desafíos personales, sino también tu habilidad para influir positivamente en quienes te rodean. Este capítulo ha explorado cómo las herramientas estoicas—marcos de toma de decisiones simplificados, rutinas matutinas centradas en la serenidad, y estrategias para enfrentar desafíos laborales—pueden aplicarse de manera práctica para fomentar la resiliencia y la sabiduría en la cotidianidad. A medida que avanzamos, recuerda que cada práctica estoica es un paso hacia no solo sobrevivir en el mundo, sino prosperar en él, armados con virtud y resiliencia.

En suma, este capítulo subraya el poder transformador de la reflexión estoica en la construcción de la resiliencia emocional. Al adoptar prácticas reflexivas, reconocer el papel constructivo de la adversidad y aprender de ejemplos históricos y contemporáneos, te estarás dotando de las herramientas necesarias para navegar a través de los desafíos de la vida con gracia y fortaleza. A medida que avancemos, estos principios continuarán guiándonos, demostrando que el estoicismo no es simplemente una filosofía de épocas pasadas, sino una guía vívida y contemporánea para aquellos que buscan vivir de manera más plena y resiliente.

4

LA DICOTOMÍA DEL CONTROL

En la intrincada danza de la vida, en la que constantemente hacemos malabarismos con nuestros deseos, responsabilidades y sueños sobre el telón de fondo de un mundo que a menudo parece caótico e impredecible, ¿cómo encontramos nuestro equilibrio? La filosofía estoica ofrece una pauta profunda y práctica conocida como la Dicotomía del Control. Comprender y aplicar este principio no sólo puede transformar tu forma de afrontar los desafíos, sino también profundizar en tu sensación de paz y empoderamiento. Acompáñame a explorar este concepto fundamental del estoicismo, desentrañar malentendidos comunes y descubrir cómo aceptar lo que podemos controlar—y soltar lo que no podemos—puede conducir a una vida profundamente efectiva y satisfactoria.

COMPRENDE LO QUE PUEDES Y NO PUEDES CONTROLAR

En el corazón de la sabiduría estoica está el reconocimiento de una verdad sencilla pero transformadora: algunas cosas de la vida están bajo nuestro control, y muchas otras no lo están. Esta comprensión es crucial porque influye directamente en nuestro panorama emocional y psicológico. Los estoicos nos enseñan que nuestras acciones, creencias y respuestas están dentro de nuestra esfera de control. En cambio, los acontecimientos externos -las acciones de otras personas, los pensamientos que albergan y las innumerables circunstancias que se desarrollan a nuestro alrededor- quedan fuera de esta esfera.

Considera, por ejemplo, la frustración de estar atrapado en un embotellamiento, un evento que es claramente ajeno a tu control. El estrés y la irritación que a menudo acompañan tales situaciones no son provocados por el tráfico en sí, sino por nuestra reacción frente a él. Aquí, el estoicismo ofrece una perspectiva liberadora: aunque no puedas controlar el tráfico, puedes controlar tu respuesta a él. En lugar de sucumbir a la frustración, puedes optar por escuchar un audiolibro, reflexionar sobre tu día o disfrutar de un poco de soledad. Este cambio de enfoque -de lo incontrolable a lo controlable- es la clave para mantener la tranquilidad.

Sin embargo, este principio suele malinterpretarse. Un error frecuente es creer que, con el esfuerzo suficiente, se pueden controlar los resultados externos. Esta falta de comprensión puede provocar una gran frustración y agotamiento, ya que nos aboca al fracaso cuando, inevitablemente, el mundo no se ajusta a nuestra voluntad. El estoicismo nos enseña a invertir nuestra energía sabiamente, centrándonos en nuestras acciones y actitudes, que están dentro de nuestra competencia.

Resaltando la importancia de la aceptación

Otro aspecto fundamental de la Dicotomía del Control es la aceptación: debemos aceptar que no podemos controlarlo todo. Esta aceptación no consiste en resignarse, sino en reconocer la realidad tal como es. Al aceptar los límites de nuestro control, evitamos malgastar energía en una resistencia inútil y, en cambio, nos dedicamos a acciones que pueden marcar realmente la diferencia. Esta aceptación también fomenta la paz mental; cuando dejamos de luchar contra lo incontrolable, podemos encontrar la serenidad incluso en medio de las tempestades de la vida.

El poder de este principio se extiende más allá de la paz individual hasta influir en nuestras relaciones interpersonales y entornos profesionales. En el entorno laboral, por ejemplo, puedes encontrarte con situaciones en las que tus compañeros tomen decisiones que te afecten pero que estén fuera de tu control. En este caso, el Estoicismo aconseja centrarse en tu respuesta: defender con calma tus intereses, prepararte para diversos resultados y encontrar formas de adaptarte constructivamente.

La Dicotomía del Control, por ende, no es sólo una afirmación filosófica, sino una estrategia práctica para vivir de manera más eficaz. Nos enseña a transitar por la vida sin intentar controlar lo incontrolable, dominando lo que genuinamente nos pertenece: nuestras acciones, nuestras respuestas y nuestras decisiones. Este dominio conduce a una vida más empoderada y eficaz, marcada no por la ausencia de desafíos, sino por nuestra habilidad y serenidad al enfrentarlos.

EJERCICIOS PRÁCTICOS PARA AUMENTAR LA CONCIENCIA DEL CONTROL

Incorporar los principios estoicos a tu vida cotidiana puede mejorar significativamente tu capacidad para distinguir entre lo que puedes y lo que no puedes controlar, fomentando una sensación más profunda de paz y efectividad. Para cultivar esta conciencia, recomiendo integrar ejercicios específicos y sencillos en tu rutina. Estas prácticas, diseñadas para agudizar tu reconocimiento del control, te ayudarán a concentrar tus energías con mayor sabiduría y a responder a los imprevistos de la vida con serenidad y perspicacia.

Una de esas prácticas es llevar un diario, un método que no sólo ayuda a reflexionar, sino también a aplicar en la práctica los principios estoicos. Cada noche, dedica unos minutos a anotar los acontecimientos del día, clasificándolos en "controlables" e "incontrolables". Por ejemplo, podrías anotar una discusión acalorada con un colega en "incontrolable", ya que sus reacciones no están bajo tu control. Por el contrario, tu decisión de mantener la calma o interactuar respetuosamente puede anotarse en "controlable". Este sencillo acto de categorización ayuda a interiorizar la dicotomía del control, desplazando gradualmente tu atención de las circunstancias externas a tus respuestas internas. Con el tiempo, esta práctica puede transformar tu enfoque de los desafíos, llevándote a un compromiso más proactivo y centrado en la vida.

Las prácticas de atención plena también desempeñan un papel crucial en la mejora de la conciencia de control. La atención plena implica mantener una conciencia momento a momento de nuestros pensamientos, sentimientos, sensaciones corporales y del entorno que nos rodea. Al cultivar la atención plena, desarrollas la capacidad de observar tus reacciones ante las situaciones sin actuar inmediatamente sobre ellas. Esta pausa es crucial, ya que proporciona el espacio para evaluar si estás intentando controlar lo incontrolable. La meditación de atención plena regular puede ser especialmente eficaz. Dedica unos minutos al día a sentarte en silencio y centrarte en tu respiración. Cuando surjan pensamientos o preocupaciones, reconócelos con suavidad y evalúa si se refieren a cosas que están bajo tu control. Si no es así, visualiza que los dejas a un lado y te centras en tu respiración y en el momento presente. Esta práctica no sólo reduce el estrés, sino que refuerza la disciplina estoica de centrarse en el presente y en lo que puedes influir.

Elaborar una "Lista de control"

Para fomentar esta conciencia, sugiero crear una "lista de control", una herramienta sencilla pero poderosa para utilizar en situaciones en tiempo real. Esta lista de control debería incluir preguntas como "¿Puedo controlar esta situación?", "¿En qué aspectos puedo influir?" y "¿Me estoy centrando en mi reacción o intento controlar el resultado?" Mantén esta lista de comprobación accesible, tal vez en una pequeña tarjeta en tu billetera o como una nota en tu teléfono. En momentos de estrés o frente a la toma de decisiones, repasa esta lista para reorientar tu enfoque hacia lo que puedes gestionar eficazmente. Esta práctica no sólo te ahorra frustraciones innecesarias, sino que también mejora tu capacidad para tomar decisiones y resolver problemas, al mantener tu energía dirigida hacia áreas de acción concreta.

Utilizar escenarios para la práctica

Para consolidar tu comprensión y aplicación de la dicotomía del control, considera la posibilidad de reservar un tiempo cada semana para analizar y debatir situaciones concretas, por tu cuenta o con un grupo. Por ejemplo, imagina que estás planeando un acontecimiento familiar especial, y de repente la previsión meteorológica anuncia lluvia. Explora cómo podrías aplicar aquí la dicotomía del control. No puedes controlar el tiempo, pero puedes controlar tus preparativos, como organizar alternativas en un espacio cubierto o proporcionar paraguas a los invitados. Al reflexionar y desentrañar este tipo de situaciones, puedes perfeccionar tu capacidad para distinguir entre elementos controlables e incontrolables, mejorando tu adaptabilidad e ingenio en situaciones de la vida real.

A través de estos ejercicios -el diario, la atención plena, la lista de control y el análisis de escenarios- te dotarás de herramientas prácticas para encarnar la sabiduría estoica en tu vida cotidiana. Estas prácticas no sólo profundizan en tu comprensión filosófica, sino que también mejoran tus habilidades prácticas para gestionar las incertidumbres de la vida con gracia y eficacia. De este modo, cultivas una vida que trasciende la mera supervivencia, caracterizada por una serenidad empoderadora y un compromiso proactivo con el mundo.

CONTROLAR LA ANSIEDAD POR LO INCONTROLABLE

En nuestra búsqueda de control sobre nuestras vidas, a menudo nos vemos atrapados por la ansiedad, una respuesta emocional que no sólo altera nuestra armonía, sino que puede obstaculizar significativamente nuestra capacidad para disfrutar de la vida y rendir con eficacia. Esta ansiedad suele derivarse de un deseo profundamente arraigado de controlar lo que es fundamentalmente incontrolable. Comprender esta relación entre control y ansiedad es el primer paso para aliviar esta última, y el estoicismo proporciona un valioso marco para esta comprensión.

La ansiedad suele surgir cuando nos enfrentamos a situaciones que nos recuerdan nuestras limitaciones: acontecimientos o resultados que no podemos predecir ni controlar, como la salud de un ser querido, la estabilidad de nuestro empleo o el estado de los asuntos mundiales. El enfoque estoico nos enseña que esta ansiedad no es consecuencia directa de las situaciones en sí, sino de nuestras percepciones y de la expectativa poco realista de que deberíamos ser capaces de controlar estos factores externos. Reconocer que algunos aspectos de la vida simplemente escapan a nuestro control puede reducir significativamente la ansiedad asociada a ellos. Este reconocimiento nos libera de la carga de intentar controlar lo incontrolable y dirige nuestros esfuerzos hacia áreas en las que realmente podemos marcar la diferencia: nuestras actitudes y respuestas.

Las técnicas de reencuadre, o reestructuración cognitiva, pueden ser especialmente eficaces para ayudar en esta transformación de perspectiva. Estas técnicas implican modificar tu enfoque mental de una situación y cambiar tu respuesta emocional en el proceso. Por ejemplo, en lugar de ver el inminente plazo de un proyecto como una exigencia estresante, replantéalo como una oportunidad para demostrar tus habilidades y tu dedicación. Del mismo modo, si te preocupa la salud de un familiar, reformula tu preocupación y conviértela en un compromiso proactivo, por ejemplo, animándole a elegir un estilo de vida más saludable o apoyándole en sus citas médicas. Al replantearte estas situaciones, pasas de un estado pasivo de preocupación por resultados incontrolables a un estado activo de compromiso con acciones controlables, reduciendo así la ansiedad y aumentando la eficacia.

Otra poderosa práctica para reducir la ansiedad es desarrollar una rutina de desprendimiento: un tiempo dedicado a dejar ir conscientemente las cosas que escapan a tu control. Podría tratarse de una sesión diaria o semanal en la que reflexionas sobre los acontecimientos o preocupaciones que ocupan tu mente y sueltas categóricamente aquellos sobre los que no puedes influir. Por ejemplo, podrías escribir acerca de tus preocupaciones y marcar las que están fuera de tu control, apartándolas simbólicamente. Documentar el impacto emocional de esta práctica puede ser esclarecedor; muchos descubren que esta rutina no sólo aclara lo que está bajo su control, sino que también aporta una profunda sensación de alivio y ligereza al liberarse de la carga de preocupaciones innecesarias.

La eficacia de estas estrategias no es sólo teórica, sino que está avalada por numerosas historias de éxito. Tomemos el caso de una abogada corporativa que sufría ansiedad crónica por los resultados de sus casos, las reacciones de los clientes y su actuación en los tribunales, factores que a menudo eran impredecibles y escapaban a su control directo. Aplicando los principios estoicos y participando en el replanteamiento cognitivo y la rutina de desprendimiento, aprendió a centrarse en su preparación y esfuerzo, aspectos que podía controlar. Con el tiempo, no sólo disminuyó su ansiedad, sino que mejoró su rendimiento, ya que pudo dedicar más energía a sus estrategias jurídicas y a las consultas de sus clientes, en lugar de malgastarla en preocupaciones improductivas.

En otro ejemplo, un director de escuela utilizó el estoicismo para controlar su ansiedad ante los cambios en la política educativa, un aspecto en gran medida incontrolable de su trabajo. Mediante ejercicios regulares de replanteamiento, comenzó a ver estos cambios no como amenazas, sino como desafíos a su capacidad de adaptación e innovación. Su rutina de replanteamiento consistía en anotar sus temores sobre las repercusiones de las políticas y reservar formalmente tiempo para considerar respuestas prácticas en lugar de obsesionarse con los posibles aspectos negativos. Este enfoque no sólo redujo su estrés, sino que le convirtió en un líder más proactivo y respetado en su comunidad educativa.

Estas historias ponen de relieve una verdad fundamental de la filosofía estoica: a menudo, el control que buscamos no es sobre los acontecimientos externos, sino sobre nuestros propios estados internos. Centrándonos en lo que podemos controlar - nuestras respuestas, nuestra mentalidad y nuestras acciones- podemos reducir significativamente nuestra ansiedad y transitar por la vida con mayor calma y confianza. Esta práctica estoica de centrarnos en lo controlable, replantear nuestras percepciones y desprendernos conscientemente del resto, puede transformar no sólo cómo afrontamos los desafíos, sino también cómo vivimos nuestras vidas: más comprometidos con el presente, más en paz con lo incontrolable y empoderados en nuestras acciones diarias.

LA ACEPTACIÓN DE LO INCONTROLABLE COMO FUENTE DE BIENESTAR

En el laberinto de los desafíos de la vida, el acto de ceder el control sobre los acontecimientos externos puede parecer contraintuitivo. Sin embargo, es en esta paradoja del desprendimiento donde puede producirse una profunda transformación, conduciendo a una mayor sensación de poder personal y felicidad. El estoicismo nos enseña que, al liberarnos de la ilusión de control, nos abrimos a una experiencia de la vida más armoniosa y alegre. Aceptar lo que no podemos controlar no disminuye nuestro poder, sino que redirige nuestras energías hacia lo que realmente importa: nuestras respuestas, nuestros valores y nuestro crecimiento personal.

Este desprendimiento no consiste en renunciar a la acción, sino en redefinir dónde ponemos nuestros esfuerzos y nuestra confianza. Implica una fe profunda en el proceso de la vida, creyendo que incluso en el caos surgirá un patrón, una lección que aprender y un crecimiento que experimentar. Confiar en este proceso significa tener fe en nuestras propias capacidades para adaptarnos y encontrar un sentido, independientemente de las circunstancias. Esta fe es crucial, porque es lo que nos permite afrontar la incertidumbre con valentía en lugar de con miedo. Nos ancla en la creencia de que, sea cual sea el resultado, contamos con la resiliencia y la sabiduría necesarias para afrontarlo.

Considera el mundo natural, que prospera en un equilibrio entre control y desprendimiento. Un árbol no intenta controlar el viento, la lluvia o el sol; simplemente crece, se adapta y prospera en medio de estas fuerzas incontrolables. Del mismo modo, cuando aceptamos los aspectos incontrolables de nuestra vida con gracia, accedemos a una fuente más profunda de felicidad y paz. Comprometerse con la comunidad y la naturaleza es un poderoso recordatorio de este equilibrio. Al formar parte de una comunidad, ya sea participando en eventos locales, haciendo voluntariado o simplemente conectando con los vecinos, reforzamos la noción de que formamos parte de algo más grande que nosotros mismos. Esta implicación puede aliviar la presión de sentir que todo depende de nosotros, ofreciendo consuelo y apoyo mediante esfuerzos colectivos.

A través de la historia, abundan las anécdotas filosóficas que ilustran cómo figuras emblemáticas han abrazado los límites de su control y han encontrado una felicidad profunda en el proceso. El filósofo Sócrates, por ejemplo, mostró una tranquilidad y un humor notables ante su injusta ejecución, un destino que estaba fuera de su control y que no podía evitar. La aceptación de su destino, arraigada en una vida dedicada a perseguir la virtud y la sabiduría, convirtió sus últimos momentos en un testamento duradero del poder de la libertad interior. De manera similar, el ejemplo moderno de Viktor Frankl, que sobrevivió a los horrores de un campo de concentración, nos muestra que, incluso en condiciones extremas, nuestras actitudes y respuestas son la clave para nuestra libertad y felicidad. La filosofía de Frankl, según la cual se puede encontrar sentido y crecimiento personal en cada momento de la existencia, por brutal que sea, proporciona un eco moderno de la resiliencia y la alegría estoicas ante los factores incontrolables de la vida.

Mientras reflexionas sobre estas ideas, considera cómo podrías empezar a desprenderte de la necesidad de control en tu vida. Podrías comenzar con una simple afirmación diaria, reconociendo lo que puedes y lo que no puedes controlar, o quizá implique un compromiso más activo con tu comunidad o la naturaleza. Sea cual sea la forma que adopte, la práctica de abrazar lo incontrolable no sólo mejora tu bienestar, sino que también enriquece tus interacciones con el mundo que te rodea. Al ceder el control allí donde no puedes ejercerlo realmente, obtienes un mejor dominio sobre tu propia vida, navegando por tus experiencias con una serenidad empoderada y un corazón alegre.

En el recorrido por las páginas de este libro, hemos explorado no sólo los fundamentos teóricos del estoicismo, sino también sus aplicaciones prácticas, desde comprender la dicotomía del control hasta abrazar la paradoja del desprendimiento. Estos principios, entretejidos en el telar de la vida cotidiana, ofrecen un marco sólido para afrontar las complejidades de la existencia moderna. A medida que avanzamos, recuerda que la esencia de la sabiduría estoica no reside simplemente en soportar los desafíos de la vida, sino en transformarlos en vías de crecimiento y realización personal.

En el próximo capítulo, nos adentraremos en las prácticas estoicas que pueden ayudarte a cultivar tanto la resiliencia como la paz interior, garantizando que no solo sobrevivas, sino que también prosperes, sin importar lo que la vida tenga reservado para ti. Este viaje de exploración y aplicación sigue desdoblándose, ofreciendo constantemente perspectivas más profundas sobre cómo el estoicismo puede iluminar y enriquecer tu trayectoria vital.

5

LAS RELACIONES A TRAVÉS DE LA LENTE ESTOICA

Navegar por las intrincadas redes de las relaciones, ya sea con amigos, familiares o parejas, a menudo puede parecer como intentar navegar en aguas turbulentas. Surgen conflictos y, bajo la fuerza de los vientos emocionales, nuestras reacciones pueden alejarnos de los puertos tranquilos a los que anhelamos llegar. Pero, ¿qué pasaría si pudieras dotarte de la brújula filosófica del estoicismo, que te guíe a través de estas interacciones con aplomo y comprensión? El estoicismo, con sus profundas ideas sobre el comportamiento y las emociones humanas, proporciona herramientas inestimables para gestionar las relaciones de un modo que no sólo las preserve, sino que las enriquezca.

GUÍA DEL ESTOICO PARA MANEJAR EL CONFLICTO EN LAS RELACIONES

Los conflictos en las relaciones suelen surgir de percepciones desalineadas. Cada persona ve el mundo a través de su propia lente, coloreada por experiencias, emociones y expectativas individuales. El estoicismo nos enseña que estas percepciones divergentes son un aspecto fundamental de la naturaleza humana y que reconocerlo puede reducir considerablemente las posibles tensiones. Cuando reconoces que el punto de vista del otro no es más que su percepción de la realidad, no una verdad objetiva, abres la puerta al entendimiento y a la reconciliación, en lugar de al conflicto.

Para cultivar esta comprensión, el estoicismo fomenta la práctica de la empatía y la toma de perspectiva. Imagina que te pones en el lugar de otra persona, ves a través de sus ojos y sientes con su corazón. Este ejercicio no sólo amplía tu comprensión de sus acciones y reacciones, sino que fomenta una conexión más profunda, un elemento vital para construir y mantener relaciones armoniosas. Por ejemplo, si un amigo reacciona con enfado ante un plan cancelado, en lugar de reaccionar ante su frustración, intenta comprender los sentimientos subyacentes. Quizás lo esperaba como un respiro muy necesario en una semana estresante. Reconocerlo, puede cambiar tu respuesta de irritación a compasión, allanando el camino para una conversación tranquila y constructiva.

Poner en práctica la calma estoica en los momentos acalorados es otra estrategia poderosa. El estoicismo no enseña a suprimir las emociones, sino a gestionarlas. Una técnica eficaz es la pausa, un cese deliberado de la reacción inmediata. Cuando surja un conflicto, en lugar de responder en el calor del momento, respira hondo o incluso aléjate si es necesario. Esta pausa te da espacio para ordenar tus pensamientos, templar tus emociones y abordar la situación con la cabeza fría. Al responder en lugar de reaccionar, encarnas el ideal estoico del autocontrol, convirtiendo las posibles discusiones en oportunidades para entablar diálogos abiertos y productivos.

Además, el estoicismo ofrece una valiosa sabiduría para elegir con criterio las batallas que decides librar. No todos los desacuerdos exigen tu energía, ni todos los conflictos merecen un enfrentamiento. Algunas cuestiones, vistas a través del prisma del discernimiento estoico, se revelan como menores o basadas en malentendidos fáciles de resolver. El estoicismo nos enseña a centrarnos en lo que realmente importa, como el respeto, la comprensión y el amor. Antes de entablar o agravar un conflicto, pregúntate si ese asunto tendrá importancia a largo plazo o si es una mera distracción para la salud y la felicidad de la relación. A menudo, descubrirás que soltar los agravios menores puede conducir a una mayor paz y estabilidad en tus relaciones.

Ejercicio: Diario reflexivo sobre conflictos en las relaciones

Considera la posibilidad de llevar un diario reflexivo en el que documentes y analices los conflictos que surgen en tus relaciones. Para cada conflicto anota:

• La causa percibida del conflicto.

- Tu respuesta emocional inicial.
- Cómo decidiste manejar la situación.
- El resultado del conflicto.
- Las lecciones aprendidas y cómo podrías afrontar una situación similar en el futuro.

Esta práctica no sólo ayuda a la autorreflexión, sino que también ayuda a desarrollar un enfoque más estoico para manejar los conflictos en las relaciones, centrándose en la comprensión, la empatía y las virtudes esenciales que fortalecen los vínculos.

Al adoptar estas prácticas estoicas, te equipas con las herramientas para manejar los conflictos no sólo con eficacia, sino con una gracia que enriquece tus conexiones con los demás. Estas estrategias, basadas en la sabiduría antigua, son profundamente relevantes en nuestras vidas modernas, ayudando a transformar las posibles discordias en oportunidades para una comprensión más profunda y unas relaciones más sólidas. A medida que sigas aplicando estas enseñanzas, descubrirás que el enfoque estoico no sólo resuelve los conflictos, sino que también los previene, fomentando una atmósfera de respeto mutuo y paz en todos tus compromisos interpersonales.

EL AMOR Y EL ESTOICISMO: MANTENER LA INDIVIDUALIDAD Y LA ARMONÍA

En la delicada danza de las relaciones, especialmente aquellas matizadas por el romance, el equilibrio entre la inversión emocional y el mantenimiento de la independencia racional suele sentirse como caminar en una cuerda floja. El estoicismo proporciona una guía perspicaz para navegar por este equilibrio, con sus profundas raíces en la comprensión de la naturaleza de las emociones y las interacciones humanas. La práctica estoica de preocuparse sinceramente por los demás mientras se sostiene un desapego interno no implica frialdad emocional, sino que se centra en la protección de la propia paz mental. Este enfoque ayuda a mantener la claridad y la compostura, permitiendo amar con libertad sin volverse excesivamente dependiente de la reciprocidad o el comportamiento de la pareja.

Este desapego es crucial para preservar tu bienestar en las relaciones. Implica ver y apreciar a tu pareja por lo que es, pero también reconocer que tu estado emocional no tiene por qué depender totalmente de sus acciones o estados de ánimo. Por ejemplo, si tu pareja atraviesa un período difícil y se muestra distante, un enfoque estoico consistiría en ofrecerle apoyo sin sentirte personalmente menospreciado o excesivamente angustiado. Esta actitud equilibrada te ayuda a mantenerte comprensivo y presente, pero emocionalmente estable, independientemente de si la relación está floreciendo o enfrentando desafíos.

Cultivar la autosuficiencia en las relaciones es otra piedra angular de la práctica estoica. Te anima a encontrar fuentes de felicidad y plenitud en tu interior, en lugar de depender únicamente de tu pareja o amigos. Esta autosuficiencia consiste en desarrollar tus pasatiempos, intereses y resiliencia emocional. Participar en actividades que te llenen, independientemente de tu relación, no sólo reduce la presión sobre tu pareja por ser tu única fuente de felicidad, sino que también conduce a una relación más saludable y equilibrada. Seguir un hobby personal o ambiciones profesionales puede proporcionar un sentido de logro y satisfacción que complemente las alegrías encontradas en tu relación, en lugar de competir con ellas.

Armonizar el crecimiento personal con el crecimiento relacional es un aspecto esencial del amor estoico. El estoicismo enseña que virtudes personales como la sabiduría, el coraje y la templanza pueden mejorar enormemente las relaciones. A la inversa, las relaciones saludables pueden fomentar el crecimiento personal, creando un círculo virtuoso. Este apoyo mutuo consiste en animarse el uno al otro a perseguir objetivos y cualidades individuales, no con un espíritu de competición, sino de colaboración. Por ejemplo, practicar la templanza podría ayudarte a gestionar las reacciones emocionales dentro de tu relación, mientras que tu relación podría ofrecerte oportunidades para practicar y reforzar esta característica mediante desafíos e interacciones de la vida real.

Esta sinergia entre el crecimiento personal y el relacional se resume maravillosamente en la idea estoica de que el amor debe basarse en la admiración de las cualidades del otro. El amor estoico no es un mero afecto emocional, sino una conexión profunda que inspira a ambas partes a esforzarse por una vida de beneficio mutuo. En una relación estoica, los miembros de la pareja se motivan mutuamente para ser la mejor versión de sí mismos, no mediante la crítica o el control, sino mediante el ejemplo y el apoyo mutuo. Este tipo de relación es profundamente satisfactoria porque se basa no sólo en el apego emocional, sino en el compromiso compartido de vivir virtuosamente.

Al integrar estos principios estoicos en tus relaciones, cultivas no sólo una conexión más profunda con tu pareja, sino también una comprensión y aplicación más profundas del estoicismo en tu vida. Este enfoque de las relaciones ofrece un camino hacia el verdadero compañerismo, en el que el amor no se expresa sólo con palabras o emociones, sino a través de un viaje compartido hacia la virtud y la plenitud. A través de esta lente, cada interacción en tu relación se convierte en una oportunidad para practicar y reforzar los principios estoicos, enriqueciendo tanto tu vida como la de tu pareja.

ESTRATEGIAS DE COMUNICACIÓN EFICAZ INSPIRADAS EN EL ESTOICISMO

En el ámbito de las interacciones humanas, el arte de la comunicación es primordial. El estoicismo, con su profundo énfasis en la integridad y la racionalidad, proporciona un marco sólido para mejorar la forma en que nos expresamos y relacionamos con los demás. Promover una comunicación transparente y honesta es fundamental en la práctica estoica, pues refleja la virtud de la integridad. Al entablar conversaciones, ya sean charlas casuales o discusiones importantes, ser honesto y sincero no sólo fomenta la confianza, sino que también construye una base sólida para las relaciones significativas. Esta transparencia significa ser abierto sobre tus pensamientos y sentimientos, pero también ser sincero sobre tus limitaciones e incertidumbres. Por ejemplo, en un entorno profesional, en lugar de aceptar un plazo que sabes que no es realista, un enfoque estoico sería expresar tus preocupaciones con sinceridad y negociar un plazo más factible, lo que no sólo garantiza que puedas entregar un trabajo de calidad, sino que también establece tu fiabilidad y respeto por la verdad.

Además, el estoicismo enseña la importancia de escuchar, una habilidad que a menudo queda eclipsada por el afán de hablar y ser escuchado. La escucha auténtica, desde una perspectiva estoica, no consiste sólo en oír las palabras que dicen los demás, sino que implica un nivel más profundo de compromiso. Se trata de sintonizar con las emociones y las intenciones que hay detrás de esas palabras. Esta forma de escucha empática puede transformar las interacciones, haciendo que la persona con la que te comunicas se sienta realmente comprendida y valorada. Implica un esfuerzo activo por ver el mundo desde la perspectiva de la otra persona, lo que no sólo enriquece tu comprensión, sino que también puede disipar posibles conflictos antes de que se agraven. Por ejemplo, si un amigo parece disgustado por un asunto aparentemente trivial, escucharlo atentamente puede revelar cuestiones subyacentes, como el estrés o la inseguridad, que son las verdaderas raíces de su angustia. Al responder a estas cuestiones más profundas en lugar de a los síntomas superficiales, podrás proporcionarle un apoyo que sea verdaderamente eficaz y apreciado.

El ámbito de la comunicación no verbal también tiene un peso sustancial en la práctica estoica. Los estoicos entienden que gran parte de lo que comunicamos no se transmite a través de las palabras, sino de nuestro lenguaje corporal, nuestras expresiones faciales e incluso nuestros silencios. Estar atento a las señales no verbales puede proporcionar una visión crítica de los pensamientos y sentimientos de los demás, a menudo revelando más de lo que podrían transmitir sus palabras. Por ejemplo, un colega podría decir que está de acuerdo con una decisión, pero sus brazos cruzados y su mirada perdida pueden sugerir lo contrario. Observar estas señales te permite abordar preocupaciones que no se han manifestado explícitamente, fomentando una atmósfera de apertura y confianza. Además, ser consciente de tus propias señales no verbales puede ayudarte a comunicarte con mayor eficacia. Un comportamiento calmado y una postura abierta pueden transmitir confianza y receptividad, animando a los demás a comprometerse más abiertamente contigo.

Finalmente, el estoicismo aboga por una expresión equilibrada de asertividad y amabilidad, una combinación especialmente poderosa en la comunicación. Ser asertivo significa expresar tus necesidades y límites con claridad y seguridad, sin pasividad ni agresividad. Esta asertividad, templada con amabilidad, se alinea con los principios estoicos de coraje y justicia, garantizando que tus comunicaciones no sólo respeten tus valores, sino que también tengan en cuenta el bienestar de los demás. Por ejemplo, si te sientes abrumado por tu carga de trabajo, expresárselo a tu supervisor de forma asertiva pero respetuosa puede conducir a una asignación de tareas más manejable. Del mismo modo, si un amigo cancela repetidamente sus planes a último momento, abordar la cuestión de forma directa pero amable puede conducir a una conversación constructiva sobre el respeto y la fiabilidad en su relación.

Estas estrategias -promover la honestidad, practicar la escucha empática, observar las señales no verbales y combinar la asertividad con la amabilidad- no son meras técnicas, sino reflejos de valores estoicos más profundos. Consisten en respetarse a uno mismo y a los demás, esforzarse por alcanzar la armonía y la comprensión, y navegar a través de las complejas relaciones humanas con sabiduría y gracia. A medida que sigas integrando estos principios estoicos en tus prácticas de comunicación, probablemente descubrirás que tus interacciones no sólo son más eficaces y satisfactorias, sino también más enriquecedoras, reflejo de la profunda búsqueda estoica de una vida virtuosa y significativa.

PERDONAR Y SOLTAR: UN ENFOQUE ESTOICO

En el ámbito del estoicismo, el perdón no se trata meramente de absolver a los demás; es un esfuerzo más profundo por restablecer nuestra paz mental, concebido como una liberación del resentimiento y un camino de regreso al equilibrio emocional. Los estoicos sostienen que albergar resentimiento nos ata al pasado, un dominio sobre el que no tenemos control y que nos distrae del momento presente, donde reside nuestro verdadero poder. El perdón, por lo tanto, consiste fundamentalmente en recuperar el control sobre nuestro bienestar emocional, dejando ir los agravios que enturbian nuestra tranquilidad.

Este proceso comienza con la comprensión de los defectos y fragilidades inherentes que forman parte del ser humano.

Reconocer que todo el mundo, incluidos nosotros mismos, es capaz de cometer errores o de actuar por ignorancia, miedo o angustia, puede cambiar el panorama emocional de la ira a la empatía. Este cambio es crucial porque nos permite ver la situación desde una perspectiva más amplia en la que nuestro dolor personal no oscurece nuestra capacidad de compasión. Por ejemplo, si las duras palabras de un colega durante un proyecto estresante te alteran, comprender su presión y ansiedad del momento podría ayudar a mitigar tus sentimientos heridos y conducirte hacia el perdón.

En la práctica, el perdón implica una serie de pasos intencionados. El primer paso consiste en reconocer claramente el daño o perjuicio causado, en lugar de negarlo o restarle importancia. Este reconocimiento es vital, ya que valida tus sentimientos y define qué es exactamente lo que debes perdonar. A continuación, emprende un proceso deliberado de toma de decisiones en el que decidas desprenderte del resentimiento. Esto puede implicar escribir una carta de perdón (que no necesariamente tienes que enviar) o simplemente decirte a ti mismo en voz alta que eliges perdonar. El acto de decidir perdonar te empodera: cambia la situación de algo que te ocurre a algo que tú controlas.

A continuación, trabaja activamente para liberar la carga emocional relacionada con el recuerdo de la ofensa. Esto podría hacerse mediante la meditación, en la que visualizas que dejas ir el resentimiento, o mediante una actividad física como correr o practicar yoga, en la que imaginas que liberas los sentimientos negativos con cada respiración o movimiento. Con el tiempo, estas prácticas pueden disminuir el peso emocional de los agravios del pasado, ayudando a restablecer tu paz interior.

Los beneficios de practicar el perdón son profundos y complejos. A nivel personal, dejar ir los rencores puede conducir a una disminución de la ansiedad, una reducción de la presión arterial y una mejora general de la salud mental. Estos cambios se producen porque el perdón reduce la carga fisiológica que la ira y el resentimiento suponen para el cuerpo. Desde el punto de vista emocional, perdonar a los demás puede aumentar los sentimientos de felicidad y satisfacción, ya que recuperas la energía que antes consumían las emociones negativas. En el plano relacional, el perdón puede transformar las dinámicas, allanando el camino a interacciones más saludables y comprensivas. Elimina las barreras de la amargura, dando lugar a la posibilidad de reconstruir la confianza y la empatía, componentes esenciales para unas relaciones sólidas.

En el estoicismo, el acto de perdonar no es sólo un remedio ocasional para los agravios, sino una práctica regular que mantiene y restablece la paz. Se alinea perfectamente con el empeño estoico de vivir una vida virtuosa, pues requiere y alimenta virtudes como el valor, la justicia, la templanza y la sabiduría. Cada acto de perdón es tanto una práctica de estas virtudes como un paso hacia una vida más profunda, pacífica y resiliente.

Al culminar esta exploración de las relaciones a través de una lente estoica, hemos recorrido el terreno de la gestión de conflictos, el delicado equilibrio en el amor, la comunicación eficaz y el acto liberador del perdón. Cada una de estas facetas, enriquecida por la sabiduría estoica, te invita a comprometerte de forma más profunda, serena y significativa en tus relaciones. En el siguiente capítulo ahondaremos en la gestión de las emociones y el crecimiento personal, continuando sobre la sólida base de prácticas estoicas que hemos establecido hasta ahora. Exploraremos cómo el estoicismo no sólo ayuda a enfrentar los desafíos externos, sino que también transforma profundamente nuestro panorama interno.

6

GESTIÓN DE LAS EMOCIONES Y CRECIMIENTO

En el rico tapiz de la experiencia humana, las emociones tejen patrones vibrantes, a menudo tumultuosos, que influyen en todo, desde nuestras interacciones cotidianas hasta nuestras decisiones vitales más profundas. Este capítulo profundiza en el enfoque estoico de la gestión de las emociones, centrándose especialmente en la ira y la frustración, emociones que, si no se controlan, pueden perturbar nuestra paz y obstaculizar nuestro crecimiento. Aquí aprenderás no sólo a comprender estos poderosos sentimientos, sino también a gestionarlos con sabiduría y gracia, utilizando prácticas estoicas que han resistido la prueba del tiempo.

PRÁCTICAS ESTOICAS PARA MITIGAR LA IRA Y LA FRUSTRACIÓN

Comprender los desencadenantes y las respuestas

La ira, a menudo vista como una fuerza destructiva, en realidad puede oficiarnos de señal, indicándonos cuestiones sin resolver o expectativas insatisfechas. El primer paso para controlar la ira es reconocer qué la desencadena. Estos desencadenantes pueden ser tan diversos como sentirse infravalorado en el trabajo, enfrentarse a una falta de respeto en una relación o lidiar con el estrés crónico de los desplazamientos diarios. Una vez reconocida, es crucial observar cómo se manifiesta esta ira en tus pensamientos y comportamientos: ¿te retraes en silencio o arremetes verbalmente? Comprender estas pautas es fundamental para abordar las causas profundas y reconfigurar tus respuestas.

Implementando la técnica de pausa y reflexión estoica

La pausa estoica se erige como una herramienta poderosa en tu arsenal emocional. Cuando sientas que la ira comienza a brotar, regálate un tiempo—solo unos segundos pueden transformar tu reacción. Durante esta pausa, reflexiona a través de un cuestionamiento introspectivo: "¿Qué es realmente lo que está causando mi ira? ¿Sería beneficiosa o perjudicial mi respuesta? ¿Qué haría una persona sabia en mi posición?" Este instante de introspección puede cambiar tu perspectiva de una reacción impulsiva a una respuesta considerada, permitiéndote abordar la situación con compostura y claridad.

Aplicación del principio de impermanencia

El estoicismo nos enseña que todos los acontecimientos externos son transitorios: van y vienen. Al interiorizar este principio de impermanencia, puedes mitigar la intensidad de tu ira. Por ejemplo, si te enfurece un contratiempo en un proyecto, recuérdate a ti mismo que esa situación es temporal y que pronto será sólo un recuerdo. Esta perspectiva más amplia reduce el peso emocional del acontecimiento, ayudándote a abordarlo con una mentalidad equilibrada y a centrarte en soluciones constructivas en lugar de dejarte empantanar por la frustración.

Fomentando la adopción de la empatía

Ampliar tu perspectiva para incluir las intenciones y circunstancias de los demás puede reducir significativamente los sentimientos de ira y conducir a respuestas más compasivas. Cuando alguien actúe de un modo que desencadene tu ira, intenta comprender sus motivos y su trasfondo. Quizás esté estresado o no sea consciente del impacto de sus actos. Al practicar la empatía, no sólo mitigas tu ira, sino que también abres vías para una comunicación más transparente y una resolución de conflictos más eficaz.

Elemento interactivo: Ejercicio de reflexión

Para integrar estas prácticas estoicas en tu vida cotidiana, lleva un diario reflexivo. Cada noche, anota los casos en los que hayas sentido ira o frustración durante el día. Describe el desencadenante, tu reacción inicial y cómo aplicaste las técnicas estoicas para manejar la situación. Reflexiona sobre lo que funcionó y lo que podría mejorarse. Este ejercicio no sólo consolida tu aprendizaje, sino que también realiza un seguimiento de tu progreso a lo largo del tiempo, mejorando tu capacidad para gestionar estas emociones desafiantes con creciente habilidad y sabiduría.

Mediante estas prácticas estoicas -comprender los desencadenantes, hacer una pausa para reflexionar, reconocer la impermanencia y practicar la empatía- puedes reconfigurar tu enfoque de la ira y la frustración. En lugar de sentirte abrumado por estas emociones, aprenderás a manejarlas con gracia y eficacia, utilizándolas como herramientas para el crecimiento personal y la mejora de las relaciones. Mientras continuamos explorando el vasto paisaje del manejo de emociones a través del estoicismo, recuerda que cada paso que tomas trasciende el mero control de los sentimientos; se trata de cultivar una versión más profunda y resiliente de ti mismo, lista para enfrentar el mundo con confianza y serenidad.

TRANSFORMANDO LA ENVIDIA Y LOS CELOS EN CATALIZADORES CON EL ESTOICISMO

La envidia y los celos, si no se controlan, pueden erosionar nuestra paz interior y nublar la percepción que tenemos de nuestra propia vida. Sin embargo, vistas a través de la lente del estoicismo, estas emociones pueden servir como valiosas herramientas para la autorreflexión y el crecimiento personal. En lugar de permitir que estos sentimientos fomenten el resentimiento, puedes transformarlos en catalizadores para mejorar tu propia vida y alcanzar una auténtica plenitud. Este enfoque transformador implica redefinir el éxito, utilizar la envidia como herramienta de reflexión, cultivar una mentalidad de abundancia y convertir los celos en una fuerza motivadora.

Redefinir el éxito personal

En nuestra sociedad, el éxito suele medirse por parámetros externos: logros profesionales, adquisiciones materiales o estatus social. Sin embargo, el Estoicismo te invita a redefinir el éxito basándote en las virtudes internas y la excelencia personal. Esta medida interna no se centra en compararte con los demás, sino en evaluar tu crecimiento e integridad. Pregúntate a ti mismo: "¿Soy más paciente, amable y sabio que el año pasado?". Al cambiar el centro de atención de la validación externa al desarrollo interno, no sólo fomentas la autocomplacencia, sino que también te proteges de los efectos desestabilizadores de la envidia. Cuando sabes lo que vales y tus objetivos están alineados con tus valores más profundos, los logros de los demás dejan de significar una fuente de celos y se convierten en un recordatorio de los muchos caminos hacia la excelencia personal.

Utilizar la envidia como espejo

Cuando surjan sentimientos de envidia, en lugar de alejarlos o dejar que amarguen tu estado de ánimo, utilízalos como espejos para reflexionar sobre tus deseos y aspiraciones. ¿Qué es lo que desencadena tu envidia en la situación de otra persona? ¿Es su éxito profesional, sus relaciones o tal vez su estilo de vida? Estas reflexiones pueden revelar verdades esenciales sobre lo que valoras y lo que puede faltarte o con lo que podrías no estar satisfecho en tu propia vida. En lugar de resentirte por los éxitos de los demás, analiza estos sentimientos para comprender mejor qué cambios podrías perseguir en tu propia vida para alcanzar la plenitud. Este proceso introspectivo no sólo disminuye la envidia, sino que también aclara tus objetivos, dirigiéndote hacia un camino vital más auténtico y satisfactorio.

Desarrollar una mentalidad de abundancia

Uno de los antídotos más eficaces contra la envidia y los celos es cultivar una mentalidad de abundancia. Esta perspectiva se centra en apreciar lo que ya tienes en lugar de fijarte en lo que poseen los demás. Empieza por contar regularmente tus bendiciones: reconoce tus talentos, aprecia tus relaciones y celebra tus progresos, por pequeños que sean. Practicar la gratitud cambia tu enfoque de la escasez a la abundancia, reduciendo los sentimientos de envidia y aumentando la satisfacción vital. Cuando ves la vida como abundante y las oportunidades como abundantes, el éxito de los demás deja de ser una amenaza y se convierte en una fuente de inspiración.

Transformar la envidia en motivación

Finalmente, transforma los sentimientos de envidia y celos en una fuente de motivación para superarte. Si el ascenso de un colega despierta envidia en ti, deja que te motive para desarrollar tus habilidades o emprender nuevos proyectos. Si los logros deportivos de un amigo despiertan tus celos, utilízalos como inspiración para dar prioridad a tus propios objetivos de salud y bienestar. Al canalizar positivamente tu energía emocional, no sólo superas los sentimientos perjudiciales, sino que te impulsas hacia el crecimiento y el éxito personales. Este enfoque proactivo no sólo mejora tu bienestar, sino que también convierte las emociones potencialmente negativas en peldaños para la superación personal.

A través de estas prácticas, puedes transformar la envidia y los celos de fuentes de angustia en instrumentos de empoderamiento personal. Al redefinir el éxito, utilizar la envidia como espejo para la reflexión, cultivar una mentalidad de abundancia y convertir los celos en motivación, te alineas más estrechamente con los principios estoicos, llevando una vida impulsada no por la comparación y el resentimiento, sino por la superación y la satisfacción. Mientras sigues aplicando estas estrategias, recuerda que el camino hacia la excelencia personal no consiste en superar a los demás, sino en superarte a ti mismo, alcanzando un estado de plenitud que es a la vez profundamente personal y gratificante.

SUPERANDO EL MIEDO CON CORAJE Y PENSAMIENTO RACIONAL

El miedo, una emoción humana primigenia, sirve a la vez de protector y de barrera. Aunque puede preservarnos de peligros reales, a menudo también se erige como un obstáculo para el crecimiento y la realización personales. El estoicismo, con su énfasis en la racionalidad y el autocontrol, proporciona valiosas herramientas para diseccionar y gestionar los miedos, transformándolos de sombras ambiguas que acechan nuestra mente en claros desafíos que podemos afrontar y superar. Esta sección tiene como objetivo guiarte en la comprensión de tus temores, fortalecer tu pensamiento racional, cultivar un coraje estoico auténtico y adoptar prácticas como la exposición controlada para enfrentar y conquistar tus ansiedades de manera efectiva.

Identificando los miedos irracionales

En primer lugar, diferenciemos entre miedos racionales e irracionales. Los miedos racionales son los que tienen una base factual en el peligro; por ejemplo, el miedo a tocar una estufa caliente, que nos protege de las quemaduras. Los miedos irracionales, sin embargo, no tienen una correlación directa con un peligro inminente. Por ejemplo, el miedo a hablar en público, a las alturas o incluso a entablar relaciones personales. El enfoque estoico nos anima a cuestionar nuestros miedos examinando su validez. Pregúntate a ti mismo: "¿Cuál es la evidencia de este miedo? ¿Existe una amenaza real para mi bienestar, o es un peligro percibido?". Al escrutar tus miedos bajo la luz de la razón, a menudo puedes descubrir que muchas ansiedades no se apoyan en la realidad sino que son construcciones de nuestra mente.

El fortalecimiento del pensamiento racional

El estoicismo nos instruye en la importancia de fortalecer nuestro pensamiento racional como un medio para combatir los miedos irracionales. Esto implica evaluar sistemáticamente los peores escenarios de las situaciones temidas y luego valorar de forma realista la probabilidad de estos resultados. Por ejemplo, si tienes miedo de reprobar un examen importante, considera las consecuencias reales: probablemente tengas que repetir el examen o repasar el material más a fondo. Cuando se consideran racionalmente, las consecuencias finales no suelen ser tan catastróficas como nuestros miedos nos harían creer. Esta evaluación metódica ayuda a minimizar el impacto percibido del miedo, haciéndolo más manejable y menos intimidante.

Cultivando el valor estoico

El valor estoico no es simplemente la ausencia de miedo, sino la determinación de actuar correcta y virtuosamente a pesar de la presencia del miedo. Implica reconocer que el daño genuino no procede de circunstancias externas, sino de no vivir de acuerdo con nuestros valores. Para cultivar el valor estoico, empieza por afirmar tu compromiso de actuar con integridad, independientemente de tus miedos personales. Cuando te enfrentes a una situación que te provoque miedo, recuérdate a ti mismo tus valores fundamentales y la importancia de defenderlos. Este enfoque cambia tu perspectiva de evitar el miedo a actuar con sentido a pesar de él, lo que te capacita para emprender acciones que estén alineadas con tus principios.

Practica la terapia de exposición

Un método práctico para gestionar el miedo es la exposición controlada, una técnica alineada con las prácticas estoicas de confrontación. Este enfoque implica exponerte gradual y repetidamente al objeto de tu miedo de forma controlada y segura. Si te da miedo hablar en público, por ejemplo, puedes empezar hablando ante un grupo pequeño que te apoye y aumentar gradualmente el tamaño de la audiencia a medida que aumente tu confianza. Con el tiempo, esta exposición repetida reduce la respuesta emocional asociada al miedo, insensibilizándote a la ansiedad que solía provocar. Esta práctica no sólo disminuye el miedo en sí, sino que también aumenta tu confianza y destreza en la actividad antes temida.

Aplicando estas estrategias estoicas -identificar los miedos irracionales, reforzar el pensamiento racional, cultivar el coraje y practicar la exposición controlada- puedes transformar tu enfoque del miedo, pasando de la evitación al compromiso. Estos métodos fomentan no sólo la gestión del miedo, sino su dominio, permitiéndote vivir más plenamente, liberándote de las cadenas de las ansiedades irracionales. A medida que continúas implementando estas prácticas, es probable que descubras que los miedos que antes parecían insuperables se convierten en fuentes de fortaleza y crecimiento, y que cada miedo vencido aumenta tu resiliencia y tu entusiasmo por la vida.

EL PAPEL DE LA REFLEXIÓN EN EL CRECIMIENTO PERSONAL ESTOICO

La reflexión es un pilar fundamental de la práctica estoica, que sirve no sólo como método de superación personal, sino como ritual diario que alinea tu vida más estrechamente con las virtudes fundamentales del estoicismo: sabiduría, justicia, coraje y templanza. Al integrar la práctica de la reflexión diaria, te embarcas en un examen cuidadoso de tus pensamientos, decisiones y acciones, que ilumina patrones en tu comportamiento que podrían ser invisibles en la vorágine de las actividades cotidianas. Este proceso te permite realizar una pausa y considerar no sólo lo que hiciste y por qué lo hiciste, sino también cómo podrías mejorar y alinear tus acciones más estrechamente con los principios estoicos.

Imagina finalizar cada día sentado en silencio, repasando los acontecimientos y las interacciones de tu jornada. Considera los momentos en los que te sentiste orgulloso de tus acciones, pero también aquellos en los que no estuviste a la altura de tus ideales estoicos. Quizá reaccionaste precipitadamente a un comentario de un compañero de trabajo, o perdiste la oportunidad de ayudar a un amigo necesitado. Reflexionar sobre estos momentos fomenta una comprensión más profunda de tus valores personales y de la eficacia con la que los encarnas. Esta práctica no tiene que ver con la autocrítica, sino con la autoconciencia y el crecimiento: te ayuda a reconocer tus puntos fuertes y a identificar las áreas en las que puedes desarrollar una mayor virtud y resiliencia.

Además de la reflexión diaria, iniciar una práctica de escritura reflexiva puede mejorar significativamente tu camino de crecimiento personal. Llevar un diario estoico te permite registrar no sólo los acontecimientos de cada día, sino también tus respuestas emocionales e intelectuales a esos acontecimientos. Este tipo de escritura proporciona un espacio para explorar tus pensamientos y sentimientos más profundamente, cuestionar tus suposiciones y planificar cómo podrías manejarte mejor frente a situaciones similares en el futuro. Por ejemplo, si descubres que determinados acontecimientos desencadenan en ti constantemente emociones negativas, escribir sobre ellos puede ayudarte a comprenderlos y, finalmente, a dominarlos. Con el tiempo, este diario se convertirá no sólo en un registro de tu vida, sino en un mapa de tu evolución personal, mostrando cuánto has avanzado y hacia dónde deseas dirigirte.

La reflexión también desempeña un papel crucial para ayudarte a distanciarte emocionalmente de las situaciones intensas y es clave para mantener la claridad y tomar decisiones sensatas. El estoicismo enseña que debemos esforzarnos por responder a los acontecimientos de forma racional y no guiados solamente por la emoción. Reflexionando sobre nuestras experiencias, sobre todo las que provocan fuertes reacciones emocionales, podemos comenzar a ver estas situaciones de forma más objetiva. Este desapego no significa ignorar tus emociones, sino comprenderlas como respuestas naturales que no tienen por qué dictar tus acciones. Por ejemplo, si te molesta la crítica de un familiar, la reflexión puede ayudarte a comprender por qué te ha dolido la crítica y cómo podrías abordar los problemas subyacentes sin dañar la relación.

Los beneficios del crecimiento reflexivo son profundos. La reflexión regular fomenta una mayor autoconciencia, que es el primer paso hacia el autodominio. También fomenta la regulación emocional, ayudándote a mantener la ecuanimidad en situaciones difíciles. Quizás lo más significativo es que la reflexión conduce a una mayor sabiduría y satisfacción. Al evaluar y ajustar tu comportamiento regularmente para alinearlo con las virtudes estoicas, no solo te conviertes en una mejor persona, sino que también encuentras una satisfacción más profunda en tu vida diaria. Esta satisfacción no proviene de logros externos, sino de saber que vives de acuerdo a tus valores y te esfuerzas continuamente por mejorar.

A medida que incorpores estas prácticas reflexivas a tu vida, probablemente descubrirás que no sólo enriquecen tu crecimiento personal, sino que también mejoran tus relaciones con los demás. Te inspiran a ser más consciente y presente, tanto respecto a ti mismo como a los que te rodean, fomentando conexiones más profundas y un enfoque más compasivo de las interacciones interpersonales.

Desde la comprensión y contención de la ira hasta la transformación de la envidia y la superación del miedo, cada sección ha proporcionado estrategias prácticas para dominar tus emociones y alinear tus acciones con los principios estoicos. En este sentido, el estoicismo no se presenta simplemente como una enseñanza teórica, sino como un camino vital que invita a la acción consciente y deliberada.

7

EL ESTOICISMO EN TIEMPOS DE CRISIS

En la experiencia humana, estamos invariablemente confrontados con momentos que desgarran nuestros corazones y desvían nuestros caminos de maneras inesperadas. La pérdida, una experiencia humana ineludible, nos llega a todos, revestida de diversas formas: ya sea el profundo dolor de perder a un ser querido, el vacío tras el fin de una relación significativa o la conmoción e incertidumbre derivadas de un despido repentino. La cuestión que nos atañe es: ¿cómo hallamos la fortaleza para avanzar cuando nos sentimos abrumados por una pérdida tan profunda? Aquí, la antigua sabiduría del estoicismo se erige como un faro, ofreciendo no solo consuelo, sino un marco poderoso para transformar nuestra respuesta ante la pérdida.

ENCONTRAR LA FUERZA EN LA FILOSOFÍA ESTOICA DURANTE LA PÉRDIDA

Reconociendo el impacto de la pérdida

El primer paso para superar una pérdida es reconocer su impacto en nuestras vidas. Es una experiencia profunda, a menudo devastadora, que puede alterar nuestro equilibrio emocional y nuestro sentido de la estabilidad. El dolor de la pérdida es real e intenso, y el estoicismo no nos insta a reprimir este dolor, sino a enfrentarlo con valentía y claridad. Nos enseña que el dolor, a pesar de su intensidad, es una respuesta natural a la pérdida, y que aceptar esta emoción es crucial para la sanación.

Perspectivas estoicas sobre el apego y la impermanencia

El estoicismo ofrece una perspectiva única sobre el apego y la naturaleza de las cosas externas. Enseña que todo lo que nos rodea, incluidas nuestras relaciones y carreras, es impermanente y está sujeto al cambio. Esta verdad puede sonar desoladora al principio, sin embargo su reconocimiento es vital para desarrollar la resiliencia interna. Los filósofos estoicos, como Marco Aurelio, nos recuerdan que nuestra angustia a menudo surge no sólo de la pérdida en sí, sino de nuestra creencia errónea de que podríamos poseer algo -ya sea una persona, una posición o una fase de la vida- para siempre. Comprender y aceptar la impermanencia de todas las cosas puede atenuar el dolor de la pérdida, pues alinea nuestras expectativas con la realidad de nuestra existencia transitoria.

Fomentar el uso de reflexiones estoicas

Tras una pérdida, el estoicismo propone la práctica de la reflexión: un regreso a nuestro interior para extraer fortaleza de los valores y experiencias compartidos con aquello que hemos perdido. En lugar de centrarnos únicamente en el vacío dejado por la pérdida, el estoicismo nos enseña a valorar los recuerdos y las lecciones aprendidas de la relación o la situación. Reflexiona sobre lo que el ser querido o el trabajo perdido aportaron a tu vida: fortaleza, amor, crecimiento o resiliencia. Estas reflexiones no se centran en un apego nostálgico al pasado, sino que buscan honrar el impacto que estas experiencias han tenido en nuestra evolución personal.

Promover la adopción de una perspectiva hacia el futuro

El estoicismo, en su esencia, está orientado hacia el futuro, enfatizando el crecimiento, así como el potencial de desarrollo personal, incluso ante la adversidad. Nos inspira a cambiar nuestro enfoque de lo que hemos perdido a las posibilidades que tenemos por delante. Esto no significa que olvidemos el pasado o el dolor, sino que lo utilizamos como base para construir un futuro enriquecido por la sabiduría adquirida a través de nuestras experiencias de amor y pérdida. El optimismo estoico no consiste en esperar que la vida sea fácil, sino en reconocer nuestra capacidad para soportar los desafíos y crecer a partir de ellos. Nos impulsa a seguir adelante, sin dejar de ver nuestras pérdidas, con una apreciación más profunda de la fragilidad de la vida y de nuestras fortalezas.

Ejercicio de reflexión: Visualizando el camino a seguir

Considera la posibilidad de reservar algo de tiempo para un ejercicio de reflexión. Visualiza tu vida como un viaje con múltiples senderos. Algunos de estos caminos ya han sido recorridos, cargados de recuerdos y kilómetros de aprendizaje, mientras que otros se despliegan ante ti, inexplorados y repletos de potencial. Reflexiona sobre cómo tu pérdida ha influenciado en estos senderos: ¿qué fortalezas emergieron a partir de ella? ¿Qué valores adquirieron relevancia? Ahora, dirige tu mirada hacia el horizonte. Imagínate recorriendo un nuevo camino, llevando adelante la sabiduría y el amor de tus experiencias pasadas. ¿Qué aspecto tiene este camino? ¿Qué se siente al reconocer tu pasado pero también al abrazar el potencial de tu futuro? Esta visualización puede ayudar a reforzar la práctica estoica de utilizar la pérdida como un peldaño para el crecimiento y la renovación.

Al integrar estos principios estoicos en nuestras vidas, cultivamos la capacidad no solo de sobrevivir ante la adversidad, sino de emerger de ella con una resiliencia y claridad renovadas. A través de la práctica de la reflexión estoica, la aceptación de la impermanencia de la vida y la valentía para afrontar nuestro dolor, encontramos la fuerza para continuar nuestro viaje con un propósito y una sabiduría renovados. A medida que avanzamos, llevemos con nosotros las lecciones del estoicismo, no como meros espectadores de nuestro destino, sino como participantes activos en la configuración de una vida virtuosa y significativa, incluso tras la pérdida.

ESTRATEGIAS ESTOICAS PARA AFRONTAR CAMBIOS INESPERADOS

El cambio es una parte inseparable del tejido de la vida, al igual que las estaciones que transitan del verano a la primavera. La filosofía estoica, con sus profundas raíces en la comprensión y adaptación a la impermanencia de la vida, nos enseña a considerar el cambio no como una anomalía, sino como un aspecto inherente a la experiencia humana. Esta perspectiva es crucial porque nos ayuda a prepararnos para los cambios inevitables que afrontaremos, desde alteraciones insignificantes en nuestras rutinas diarias hasta transformaciones significativas en nuestra vida personal y profesional. Al enmarcar el cambio como un elemento natural y esperado de la vida, el estoicismo nos dota de las habilidades mentales y emocionales necesarias para afrontar las nuevas circunstancias con una respuesta serena y mesurada, en lugar de con resistencia o miedo.

Desarrollar la flexibilidad cognitiva es esencial para adaptarse al cambio con eficacia. Este rasgo, que implica la capacidad de ajustar el propio pensamiento y comportamiento en respuesta a nueva información o entornos, es muy valorado en la práctica estoica. Nos permite permanecer abiertos y adaptables ante los constantes cambios de la vida. La flexibilidad cognitiva puede cultivarse a través de diversas estrategias que desafían nuestras creencias existentes y nos abren a nuevas perspectivas y experiencias. Por ejemplo, comprometerse con diversos puntos de vista, ya sea mediante la lectura, la conversación o los viajes, puede ampliar nuestra comprensión y reducir la rigidez de nuestras ideas preconcebidas. Otro método eficaz es practicar la planificación de escenarios, en la que imaginas diferentes resultados y elaboras estrategias para diversas respuestas. Esto no sólo te prepara para posibles cambios, sino que también reduce la ansiedad ante lo desconocido, ya que te has equipado mentalmente para manejar múltiples posibilidades.

El estoicismo no se centra únicamente en la resiliencia personal; está profundamente entrelazado con virtudes que guían nuestras respuestas a cada aspecto de la vida, incluido el cambio. Las virtudes estoicas de coraje y sabiduría son particularmente pertinentes al atravesar nuevas etapas. El coraje en el estoicismo implica algo más que valentía ante el peligro; se trata del valor moral para aceptar el cambio y la incertidumbre que este conlleva. Se trata de ver el potencial de crecimiento en los nuevos desafíos y dar un paso hacia adelante con confianza, aunque el camino no sea tan claro. La sabiduría, por otra parte, nos ayuda a tomar decisiones que no se basan en emociones pasajeras o juicios superficiales, sino que están arraigadas en una comprensión profunda de nuestros valores y del contexto más amplio de nuestras vidas. Nos permite discernir qué cambios son beneficiosos y se alinean con nuestros objetivos a largo plazo y cuáles son distracciones que nos llevan por mal camino.

Es necesario adoptar medidas prácticas para adaptarse a las nuevas circunstancias con eficacia. Establecer objetivos pequeños y manejables es una estrategia poderosa en tiempos de cambio. Estos objetivos pueden actuar como peldaños que guíen tu camino a través de un territorio desconocido, proporcionándote una sensación de dirección y logro que refuerce tu confianza y motivación. Por ejemplo, si estás realizando una transición hacia un nuevo campo profesional, tus metas iniciales podrían incluir establecer contactos con profesionales del sector o completar cursos específicos de desarrollo de habilidades. Además, buscar el apoyo de comunidades estoicas o de personas con ideas afines puede proporcionarte tanto consejos prácticos como aliento emocional. Estas comunidades, tanto si se encuentran en reuniones locales como en foros en línea, ofrecen una riqueza de sabiduría y experiencia colectivas que puede ser inestimable a la hora de transitar a través de los cambios. Nos recuerdan que no estamos solos en nuestras luchas y que la comprensión humana compartida es un reservorio del cual todos podemos extraer fortaleza y perspicacia.

Al integrar estas estrategias en nuestras vidas, no solo nos equipamos para manejar los cambios inevitables que encontramos, sino que también transformamos nuestra experiencia de estos cambios de algo que debemos soportar a oportunidades para el crecimiento personal y la renovación. Mediante la aplicación consciente de las enseñanzas estoicas - aceptar el cambio como parte natural de la vida, cultivar la flexibilidad cognitiva, apoyarse en las virtudes estoicas fundamentales y tomar medidas prácticas para la adaptación-podemos navegar a través de las incertidumbres de la vida no sólo con resiliencia, sino con un entusiasmo proactivo que convierte cada cambio en un peldaño hacia una vida más rica y plena.

MANTENER UNA MENTALIDAD ESTOICA DURANTE LA INCERTIDUMBRE GLOBAL

En un mundo en el que los titulares suelen anunciar crisis -desde crisis financieras hasta desastres medioambientales- la necesidad de mantener una mentalidad estoica no sólo resulta útil, sino esencial. El estoicismo enseña el arte de vivir en el momento presente, una habilidad que resulta especialmente valiosa en tiempos de incertidumbre global. Al concentrar nuestra energía mental en el presente, nos protegemos de los efectos paralizantes de la preocupación por acontecimientos futuros que escapan a nuestro control. Esta práctica se basa en la comprensión de que la ansiedad suele derivarse de escenarios hipotéticos que quizá nunca lleguen a materializarse. En cambio, el estoicismo nos anima a comprometernos directamente con el aquí y el ahora, donde podemos marcar diferencias reales, no imaginarias.

Vivir en el momento presente implica un conocimiento consciente de nuestras experiencias y acciones actuales. Significa reconocer nuestros sentimientos acerca de los acontecimientos globales, pero optar por no sentirnos abrumados por las inciertas implicaciones futuras. Por ejemplo, considera el enfoque de un estoico durante una recesión económica. En lugar de dejarse consumir por la preocupación por la posible pérdida de empleo, el estoico se centraría en mejorar su rendimiento laboral actual y quizá incluso en tomar medidas para mejorar sus habilidades, haciéndose más valioso en su lugar de trabajo. Este enfoque en las acciones presentes permite una sensación de control y eficacia que la preocupación orientada hacia el futuro nunca podría conseguir.

La participación en comportamientos proactivos es otro aspecto fundamental para mantener una mentalidad estoica en tiempos de incertidumbre global. Los estoicos no son observadores pasivos de la vida; son participantes activos que gestionan sus acciones dentro de su esfera de influencia. Mantenerse informado sobre los acontecimientos internacionales, prepararse para desenlaces razonables y contribuir positivamente a la propia comunidad son comportamientos proactivos respaldados por el estoicismo. Por ejemplo, ante una catástrofe natural inminente, un estoico se centraría en preparar su casa y ayudar a sus vecinos a asegurar sus propiedades. Al concentrarse en estos pasos concretos, mantienen un sentido de agencia personal y responsabilidad comunitaria, elementos cruciales para la ética estoica.

El concepto de aceptación estoica desempeña un papel fundamental en cómo respondemos a las incertidumbres globales. Esta aceptación no consiste en resignación o pasividad, sino en reconocer la realidad de una situación sin dejar que dicte nuestro estado interior. La aceptación nos permite ver el mundo tal como es, no como desearíamos que sea, y esta claridad de visión nos permite actuar con mayor eficacia. Cuando aceptamos que ciertos aspectos de los acontecimientos globales escapan a nuestro control, podemos dirigir nuestras energías hacia esfuerzos más fructíferos, aquellos que están en nuestro poder cambiar. Esta aceptación estoica puede ser particularmente poderosa en el activismo medioambiental, donde la magnitud de los desafíos globales puede parecer abrumadora. Los activistas que adoptan los principios estoicos centran sus esfuerzos en proyectos realizables y en la educación de la comunidad, logrando así impactos tangibles sin sentirse abrumados por los problemas más amplios que escapan a su control.

Abundan los ejemplos históricos de figuras estoicas que mantuvieron su compostura e integridad en medio de desafíos sociales significativos. Un caso particularmente conmovedor es el de Catón el Joven, un estadista romano que con frecuencia se enfrentó a Julio César. A pesar de la agitación y el riesgo personal inherente a oponerse a César, Catón se mantuvo firmemente comprometido con sus principios, encarnando virtudes estoicas como el coraje y la justicia. Su vida, en particular su negativa a comprometer sus estándares éticos a pesar de la extrema presión, ofrece una poderosa lección sobre el mantenimiento de la integridad moral en tiempos de agitación política. En un contexto más contemporáneo, podemos contemplar la calma y la persistencia de aquellos individuos que continúan abogando por la justicia social y los derechos humanos incluso ante las reacciones sociales o la indiferencia. Su resiliencia ante la adversidad es un reflejo moderno de la resistencia estoica y el compromiso con la virtud.

Estas narraciones no sólo nos inspiran, sino que también nos guían en la aplicación de los principios estoicos a nuestras propias vidas, especialmente en tiempos de incertidumbre global. Centrándonos en el presente, adoptando conductas proactivas, practicando la aceptación e inspirándonos en quienes han superado las crisis con gracia estoica, nosotros también podemos cultivar una mentalidad que convierta los retos en oportunidades de crecimiento y afirmación de nuestros valores más profundos.

Al hacerlo, defendemos el ideal estoico de vivir una vida con propósito y resiliencia, independientemente de las circunstancias externas a las que nos enfrentemos.

EL CAMINO DEL ESTOICO HACIA LA RECUPERACIÓN Y LA RECONSTRUCCIÓN TRAS LOS REVESES

Desde la perspectiva estoica, los reveses no son meros obstáculos en el camino; son momentos de revelación que actúan como catalizadores para el crecimiento espiritual y la autorreflexión. Este enfoque resulta esencial para desentrañar la esencia del estoicismo y su capacidad transformadora frente a las inevitables tribulaciones de la existencia. A diferencia de la percepción común de que los reveses son puramente negativos, el estoicismo nos invita a verlos como valiosas oportunidades para practicar virtudes como la resiliencia, la moderación y la sabiduría. Estos momentos nos desafían no sólo a resistir, sino a ampliar nuestras facultades y fortalecer nuestro carácter.

La fase inicial de afrontar cualquier contratiempo implica una respuesta constructiva. En lugar de sucumbir a la frustración o la desesperanza, el estoicismo nos enseña a afrontar estos desafíos de manera activa y reflexiva. Este compromiso no consiste en soluciones rápidas, sino en una dedicación profunda y sostenida para aprender de cada experiencia. Por ejemplo, si un proyecto de trabajo no produce los resultados esperados, en lugar de considerarlo un fracaso, un enfoque estoico consistiría en analizar el proceso de forma crítica: ¿cuáles fueron los puntos fuertes y qué podría mejorarse? Este enfoque desplaza el énfasis de la pérdida hacia la adquisición de conocimiento, estableciendo así las bases para un futuro más iluminado por la razón.

La reconstrucción de la vida o el trabajo tras un revés se ve enriquecida de manera majestuosa a través de la aplicación de los principios estoicos. La resiliencia, una virtud estoica fundamental, implica algo más que la mera resistencia; abarca la capacidad de recuperarse con elegancia y salir fortalecido. Esta resiliencia puede cultivarse mediante la reflexión periódica sobre las experiencias personales, evaluando no sólo los resultados, sino los procesos de pensamiento y las decisiones que condujeron a esos resultados. La moderación también desempeña un papel crucial, pues ayuda a mantener el equilibrio entre los altibajos de la recuperación. Protege contra los extremos del exceso de confianza o la desesperación, promoviendo un camino firme y sostenible hacia adelante. La sabiduría, el tercer pilar, guía el proceso de toma de decisiones, garantizando que cada paso que se dé esté en consonancia con los valores más profundos y los objetivos a largo plazo de cada uno.

Un enfoque práctico para la reconstrucción tras los reveses implica establecer una hoja de ruta estructurada, paso a paso, que enfatice el crecimiento a largo plazo y la adaptación continua de los principios estoicos. Este itinerario podría comenzar con la definición de metas claras y alcanzables, fundamentadas en las lecciones adquiridas del revés experimentado. Cada objetivo debe ser específico y contar con un plazo de tiempo determinado, proporcionando un camino claro para el progreso y la reevaluación. La reflexión periódica es crucial, podría consistir en una revisión semanal de los logros alcanzados, los desafíos que se han encontrado en el camino y cómo se han abordado. Esta práctica no sólo garantiza la adhesión a los principios estoicos, sino que también fomenta un hábito de compromiso consciente con los propios progresos y contratiempos.

La adaptación se erige como otro componente crítico de esta hoja de ruta para la recuperación. La práctica estoica de mantener una mente abierta ante nueva información y experiencias permite la flexibilidad necesaria para ajustar los planes a medida que evolucionan las circunstancias. Este enfoque dinámico garantiza que las estrategias sigan siendo pertinentes y respondan a las condiciones del mundo real, aumentando así la eficacia del proceso de recuperación. Además, la búsqueda de la virtud, un elemento central en la filosofía estoica, debe impregnar cada etapa de esta hoja de ruta. Ya sea al establecer objetivos, reflexionar sobre los progresos o adaptar las estrategias, el compromiso de practicar virtudes como la honradez, el coraje y la humildad debe guiar todas las acciones y decisiones.

Este enfoque estructurado pero a la vez flexible no sólo ayuda en la recuperación, sino que también transforma la experiencia de enfrentarse a los contratiempos. Cambia la narrativa, pasando de la mera recuperación a una búsqueda de la oportunidad, en la que cada contratiempo se convierte en una oportunidad para perfeccionar las estrategias, reforzar las virtudes y profundizar en la comprensión. Esta transformación no busca un regreso a un estado anterior, sino que apunta a alcanzar nuevas cumbres de desarrollo personal y profesional.

En esencia, el camino del Estoico hacia la recuperación y la reconstrucción es un viaje marcado por el aprendizaje continuo, el crecimiento ético y la adaptación estratégica. Es un proceso no sólo restaurador, sino también enriquecedor, guiado por una filosofía que ve cada desafío como una puerta hacia una mayor sabiduría y fortaleza. Al concluir esta exploración del estoicismo en tiempos de crisis, llevemos adelante las lecciones aquí aprendidas, no sólo para sortear los contratiempos cuando surjan, sino para transformarlos en profundas oportunidades de crecimiento y renovación. Estas estrategias, arraigadas en la sabiduría antigua, nos proporcionan las herramientas no sólo para sobrevivir, sino para prosperar, forjando una existencia basada en la resiliencia, el propósito y una profunda realización.

Al concluir este capítulo, debemos reflexionar sobre el poder transformador de la filosofía estoica en tiempos de crisis. Desde hallar la fuerza en la pérdida hasta navegar por cambios inesperados, mantener la compostura ante la incertidumbre global y recuperarse de los reveses, el estoicismo ofrece un marco completo para afrontar los retos de la vida con gracia y sabiduría. Avancemos, equipados con estas estrategias atemporales, dispuestos a convertir cada obstáculo en una oportunidad de crecimiento. Al pasar al siguiente capítulo, profundizaremos en las aplicaciones prácticas del estoicismo en la vida cotidiana, explorando cómo estos antiguos principios pueden integrarse perfectamente en la vida moderna para mejorar nuestra resiliencia, felicidad y bienestar integral.

8

LA INTERSECCIÓN DEL ESTOICISMO Y LA PSICOLOGÍA MODERNA

Al navegar por las fluctuaciones de la vida cotidiana, ¿alguna vez te has preguntado cómo las antiguas ideas filosóficas podrían entrelazarse de manera efectiva con las prácticas psicológicas modernas para potenciar tu bienestar mental? Esta curiosidad desvela una profunda conexión entre el estoicismo, una filosofía arraigada en la lógica y la ética personal, y la Terapia Cognitivo-Conductual (TCC), un enfoque psicológico moderno que hace hincapié en la importancia de los patrones de pensamiento para influir en el comportamiento y la salud emocional. Este capítulo explora la sinfonía entre estas dos disciplinas, revelando cómo juntas pueden ofrecer un marco sólido para gestionar los pensamientos, las emociones y los comportamientos de forma que promuevan un estado mental más saludable y resiliente.

ANÁLISIS COMPARATIVO ENTRE LA TERAPIA COGNITIVO-CONDUCTUAL Y EL ESTOICISMO

Identificación de similitudes en los principios

Tanto el estoicismo como la Terapia Cognitivo-Conductual (TCC) giran en torno a una idea central: nuestras emociones y conductas están determinadas en gran medida por nuestros pensamientos. El estoicismo, establecido en los bulliciosos mercados de la antigua Grecia, enseña que no son los acontecimientos en sí mismos los que perturban a las personas, sino la visión que tienen de ellos. Del mismo modo, la TCC, desarrollada a mediados del siglo XX, se basa en la idea de que cambiar los patrones de pensamiento disfuncionales puede alterar las emociones y los comportamientos, lo que conduce a una mejora de la salud mental y a una mayor satisfacción respecto a la vida.

Los puntos en común entre estos dos enfoques son sorprendentes. El estoicismo anima a los individuos a discernir entre lo que está bajo su control -principalmente sus pensamientos, motivaciones y acciones- y lo que no lo está, que incluye las acciones y opiniones de los demás y los acontecimientos externos. La TCC también capacita a las personas para identificar y modificar los pensamientos distorsionados, centrándose en la gestión de la preocupación y la ansiedad al abordar cómo influyen los pensamientos en las emociones y los comportamientos. Ambas filosofías creen en un enfoque proactivo y no reactivo ante los desafíos, haciendo hincapié en la responsabilidad personal y en el poder de la autorreflexión.

Discutiendo el concepto de distorsión cognitiva

Las distorsiones cognitivas son patrones de pensamiento irracionales que suelen provocar emociones y comportamientos negativos. Son fundamentales en el enfoque diagnóstico de la TCC, en el que los terapeutas ayudan a sus pacientes a identificar y cuestionar los pensamientos distorsionados. El estoicismo, con su énfasis en las percepciones, está estrechamente relacionado con este concepto. Los estoicos enseñan que, cambiando nuestras percepciones, podemos mantener la serenidad a pesar de las circunstancias externas. Por ejemplo, Epicteto dijo célebremente: "Los hombres no se perturban por las cosas, sino por la visión que tienen de ellas".

En la práctica, tanto el estoicismo como la TCC animan a las personas a emprender una reestructuración cognitiva, es decir, un proceso de identificación y refutación de los pensamientos irracionales o disfuncionales. El estoicismo utiliza técnicas como la premeditación de los males, que consiste en contemplar posibles resultados adversos para disminuir la angustia que provocan. Al mismo tiempo, la TCC emplea estrategias similares, como la planificación del peor escenario posible, que ayuda a las personas a evaluar y prepararse de forma realista para los posibles contratiempos.

Técnicas comparativas

Para ilustrar la sinergia entre el estoicismo y la TCC, considera la técnica de la visualización negativa, un ejercicio estoico que consiste en contemplar la pérdida de cosas valiosas para reducir la angustia al producirse efectivamente dichas pérdidas. Del mismo modo, la técnica del peor escenario posible de la TCC anima a las personas a enfrentarse a sus miedos visualizando el peor resultado posible y planificando racionalmente las respuestas, reduciendo así la ansiedad y aumentando la preparación.

Ambos enfoques también enfatizan la importancia de la práctica diaria para desarrollar la resiliencia mental. Por ejemplo, Marco Aurelio, un filósofo estoico, llevaba un diario personal para reflexionar sobre sus pensamientos y cuestionarlos, un método similar al uso que hace la TCC de los registros de pensamientos, en los que los pacientes registran sus pensamientos disfuncionales y sus consecuencias emocionales para identificar patrones y desencadenantes.

Evaluar la eficacia de la terapia

Se ha demostrado que la integración de los principios estoicos en la TCC mejora los resultados terapéuticos, sobre todo en el tratamiento de la ansiedad y la depresión. Los estudios indican que las personas que emplean prácticas estoicas como centrarse en lo controlable, aceptar lo inevitable y practicar la atención plena manifiestan niveles más bajos de estrés y una mayor satisfacción vital. Las observaciones clínicas también sugieren que incorporar ejercicios estoicos a las sesiones de TCC ayuda a los clientes a gestionar mejor las alteraciones emocionales, fomentando un enfoque más equilibrado y proactivo de los retos de salud mental.

La convergencia del estoicismo y la Terapia Cognitivo-Conductual ofrece un conjunto de herramientas para quienes buscan comprender y mejorar su salud mental. Al fundamentar las prácticas psicológicas modernas en la sabiduría estoica, se dota a las personas de un marco probado en el tiempo y respaldado científicamente para navegar por las complejidades de la mente, asegurando un camino hacia una mayor resiliencia emocional y bienestar psicológico. Al profundizar en las aplicaciones prácticas de esta sinergia descubrirás no solo la ciencia de la salud mental, sino también el arte del buen vivir.

ESTOICISMO Y ATENCIÓN PLENA: TÉCNICAS PARA VIVIR EL MOMENTO PRESENTE

La atención plena, tanto en el contexto psicológico como en el estoico, gira en torno al cultivo de un estado elevado de conciencia y presencia en el momento actual. Desde la perspectiva psicológica, la atención plena se entiende como la práctica de estar presente de manera atenta y ser consciente de nuestros pensamientos, emociones y entorno, sin juicios ni distracciones. En el estoicismo, la atención plena se alinea estrechamente con el concepto de Prosoche, que es la práctica de la autoconciencia atenta y vigilante de los propios pensamientos y acciones de acuerdo con la razón. Ambas disciplinas sostienen que la atención plena no es un mero estado pasivo, sino una búsqueda activa de claridad encaminada a potenciar el pensamiento racional y la ecuanimidad emocional.

La práctica de la atención plena en la psicología moderna suele implicar técnicas de meditación que animan al individuo a observar sus pensamientos y sentimientos sin apego, adquiriendo así un mayor control sobre sus respuestas. El estoicismo ofrece un paralelismo mediante ejercicios como la "visión desde arriba", en la que uno visualiza su vida desde una perspectiva más amplia, fomentando un sentido de la pequeñez temporal y espacial de sus preocupaciones. Esta práctica estoica no sólo fomenta una perspectiva más amplia, sino que también disminuye el impacto emocional de las preocupaciones presentes, alineándose estrechamente con la práctica psicológica de la atención plena en la reducción del estrés y la ansiedad.

Otra práctica estoica, la incomodidad voluntaria, consiste en ponerse intencionalmente en situaciones incómodas para desarrollar la resiliencia y reducir el miedo a la adversidad. Esto podría incluir ayunar o ducharse con agua fría. Del mismo modo, en las prácticas psicológicas modernas, la atención plena puede cultivarse mediante la exposición a situaciones menos cómodas para disminuir la sensibilidad a los factores estresantes y aumentar la capacidad de gestionarlos eficazmente. Ambas prácticas enseñan que la incomodidad puede ser un camino hacia el crecimiento, reforzando la idea de que los desafíos no deben ser temidos, sino utilizados como oportunidades para fortalecer el carácter y la competencia.

Los beneficios de la atención plena desde una perspectiva estoica convergen en el concepto de apatheia, o liberación de la angustia.

Al practicar la atención plena, te entrenas para desprenderte de las percepciones erróneas y los impulsos irracionales que pueden conducir a la angustia. Este objetivo estoico se consigue manteniendo la atención en el juicio racional y la tranquilidad interna, independientemente de las circunstancias externas. Los enfoques psicológicos modernos se hacen eco de este beneficio, ya que se ha demostrado que la atención plena disminuye significativamente los síntomas de trastornos como la depresión, la ansiedad y el TEPT, al ayudar a las personas a replantear sus pensamientos y reducir las reacciones emocionales abrumadoras.

Para una integración práctica diaria, considera la posibilidad de empezar con una sencilla rutina de atención plena cada mañana. Dedica unos minutos a reflexionar en silencio, tal vez siguiendo la meditación estoica sobre la dicotomía del control, centrándote en distinguir entre lo que puedes cambiar y lo que no. A lo largo del día, haz breves "pausas de atención plena" para evaluar tu estado mental actual. Hazte preguntas como: "¿Mis respuestas están en consonancia con mis valores? ¿Me estoy enfocando en el presente o me preocupo por el pasado o el futuro?". Estas comprobaciones pueden ayudarte a reorientar tus pensamientos y a asegurarte de estar viviendo de acuerdo a los principios estoicos y a las mejores prácticas psicológicas para el bienestar mental.

Incorporar estas técnicas de atención plena a tu rutina no sólo mejora tu capacidad de vivir en el presente, sino que también fortalece tu resiliencia frente al estrés de la vida cotidiana. Tanto si te enfrentas a una situación difícil en el trabajo como si navegas por relaciones personales complejas, la atención plena te ofrece un conjunto de herramientas que te empoderan para gestionar tus pensamientos y emociones con claridad y propósito. Al fomentar un hábito de vida consciente, guiado tanto por la sabiduría estoica como por las prácticas psicológicas, cultivas una vida caracterizada por una mayor racionalidad, estabilidad emocional y serenidad general.

LOS BENEFICIOS PSICOLÓGICOS DE LA ACEPTACIÓN ESTOICA

La aceptación, un concepto tan respetado como vital en el ámbito de la psicología y la filosofía estoica, sirve de piedra angular en la gestión del malestar psicológico. En el contexto psicológico, la aceptación se asocia a menudo con terapias como la Terapia de Aceptación y Compromiso (ACT), que hace hincapié en aceptar todo lo que está fuera del control personal, al tiempo que se compromete a realizar acciones que enriquezcan la vida. En el estoicismo, la aceptación está profundamente arraigada en las enseñanzas de esta filosofía, que se centra en reconocer los límites de nuestro poder sobre los acontecimientos externos e interiorizar sólo aquello sobre lo que podemos influir: nuestras percepciones, acciones y voluntad.

Tanto el estoicismo como la Terapia de Aceptación y Compromiso (ACT) abogan por una forma de aceptación que sea activa y no pasiva. No se trata de resignarse al destino, sino de reconocer la inutilidad de resistirse a lo inmutable, canalizando así la propia energía de forma más productiva. Esta forma de aceptación no consiste en rendirse, sino que es un estado fortalecedor de reconocimiento de la realidad tal como es, que paradójicamente permite un cambio más significativo en la propia vida. La aceptación estoica, por ejemplo, enseña que no debemos alterarnos por los acontecimientos en sí, sino por nuestras opiniones sobre ellos. Este principio se refleja en la ACT, que sugiere que el sufrimiento no proviene de la experiencia en sí misma, sino de nuestras reacciones relativas a la experiencia.

Abrazar la aceptación estoica puede conducir a una disminución en la reactividad emocional. Tomemos como ejemplo a una persona que se enfrenta a un dolor crónico. Un enfoque estoico consistiría en instar a esa persona a que no se centrara en la injusticia del dolor o en las limitaciones que éste le impone, sino en su capacidad para responder al dolor con dignidad y valentía. Este cambio de enfoque de lo incontrolable (la existencia del dolor) a lo controlable (la respuesta al dolor) puede conducir a una disminución significativa de los trastornos emocionales como la ira y la depresión, fomentando así un equilibrio emocional superior.

Además, la aceptación estoica aumenta la resiliencia cultivando una actitud de ecuanimidad ante los altibajos de la vida. Enseña que, aunque no podemos controlar los acontecimientos externos, sí podemos controlar nuestras percepciones y reacciones frente a ellos, que a su vez conforman nuestra realidad. Este punto de vista es crucial durante las transiciones vitales importantes, como la pérdida de un ser querido. En esos momentos, la aceptación estoica ayuda a las personas a transitar su dolor, permitiéndoles experimentar sus emociones sin sentirse abrumadas por ellas. Anima a los deudos a apreciar el tiempo que pasaron con la persona y a aceptar la pérdida como parte del curso natural de la vida, favoreciendo así un proceso de duelo más saludable.

Un ejercicio eficaz para cultivar la aceptación estoica consiste en la práctica de imaginar la vida sin un ser querido, una posesión apreciada o incluso una habilidad personal. Esta visualización no sólo prepara a uno para posibles pérdidas, sino que también aumenta el aprecio por el presente, fomentando una mentalidad más resiliente frente a las perturbaciones ante los cambios. Este método, conocido como visualización negativa, no se trata de pesimismo, sino de templar el alma para afrontar sin desesperación las realidades de la vida.

Otra estrategia consiste en exponerse sistemáticamente a los miedos o incomodidades personales. Por ejemplo, si una persona teme hablar en público, la práctica estoica consistiría en exponerse gradualmente a hablar delante de otras personas, empezando con grupos pequeños que le apoyen y aumentando poco a poco el tamaño de la audiencia. Esta práctica no sólo reduce el miedo con el tiempo, sino que también empodera al individuo, reforzando su capacidad para enfrentarse a situaciones antes desalentadoras.

De este modo, la aceptación estoica se posiciona como una poderosa herramienta psicológica, que ofrece estrategias que conducen a una vida caracterizada no por la evasión de las dificultades, sino por una aceptación serena y un compromiso proactivo con el mundo. Mediante estas prácticas, desarrollas la habilidad de mantener un equilibrio interno, incluso en medio de las tormentas de la vida, garantizando que, ante los cambios, permanezcas firme y no te dejes arrastrar por la corriente.

DESARROLLO DE LA RESILIENCIA: PERSPECTIVAS PSICOLÓGICAS A PARTIR DE LOS EJERCICIOS ESTOICOS

La resiliencia, un término frecuentemente destacado tanto en los círculos psicológicos como en los debates estoicos, engloba algo más que la capacidad de recuperarse de los reveses; implica una profunda capacidad para adaptarse y prosperar a pesar de las dificultades. Desde una perspectiva psicológica, la resiliencia se define a menudo como la capacidad de recuperarse de la adversidad, manteniendo niveles básicos funcionales psicológicos y físicos. El estoicismo, sin embargo, enriquece esta comprensión al hacer hincapié no sólo en la capacidad de resistir, sino también en la de preservar la virtud y la firmeza bajo presión. Este punto de vista matizado sugiere que la resiliencia no consiste simplemente en volver a un estado anterior, sino en evolucionar a través de los desafíos de un modo que esté en consonancia con los propios valores éticos.

A menudo, las prácticas estoicas que fomentan la resiliencia implican ejercicios que empujan al individuo más allá de su zona de confort, fortaleciendo así sus defensas mentales y emocionales. Una de estas prácticas es la privación voluntaria, que incluye participar intencionadamente en actividades desafiantes como ayunar, dormir en el suelo o evitar comodidades como el aire acondicionado. Estas prácticas no son masoquistas, sino que están diseñadas para incrementar la fortaleza ante futuras adversidades, al igual que un músculo se fortalece mediante el ejercicio. Otro ejercicio clave del estoicismo es la contemplación reflexiva, en la que uno repasa su día para evaluar sus respuestas a diversos desafíos. Esta práctica cultiva una conciencia atenta de las propias reacciones y fomenta el hábito de aprender de cada situación.

Estos ejercicios estoicos comparten un parecido sorprendente con los programas modernos de entrenamiento en resiliencia psicológica. Estos programas suelen incorporar elementos como la exposición a factores estresantes controlados, que ayudan a las personas a desarrollar estrategias de afrontamiento y a reducir la sensibilidad a los desencadenantes de la ansiedad. Del mismo modo, el procesamiento reflexivo -similar a la contemplación estoica- anima a las personas a aprender de las experiencias pasadas, mejorando así su capacidad para manejar las tensiones futuras con mayor eficacia.

Diversos estudios y observaciones respaldan la eficacia de integrar las prácticas estoicas en el entrenamiento para la resiliencia. Por ejemplo, la investigación en entornos de entrenamiento militar, donde la resiliencia es fundamental, ha demostrado que los soldados expuestos a un entrenamiento previo al despliegue que incluye principios estoicos, como controlar la concentración bajo presión y mantener la claridad mental en el caos, rinden mejor en situaciones de mucho estrés. Del mismo modo, las ocupaciones expuestas a gran presión, como los servicios de emergencia, se han beneficiado de la formación en resiliencia que incorpora ejercicios estoicos, ayudando a los profesionales a mantener la calma y a responder con eficacia ante las crisis.

En el ámbito de la psicología deportiva, la incorporación de prácticas estoicas, como centrarse únicamente en los aspectos controlables del juego, ha demostrado estar relacionada con la mejora del rendimiento y la resistencia mental entre los atletas. Estos individuos aprenden a mantener la concentración durante las competiciones, controlar la ansiedad y cultivar una mentalidad que mejore el rendimiento a pesar del entorno de alta presión. Este enfoque estoico ayuda a los atletas no sólo durante el evento, sino en su preparación mental general y en la recuperación de los contratiempos, ya sean lesiones o derrotas.

Incorporar estas prácticas estoicas de fomento de la resiliencia a tu vida cotidiana puede empezar simplemente, por ejemplo, eligiendo practicar la privación voluntaria: salteándote una comida o apagando tus dispositivos electrónicos durante varias horas un día a la semana. Al final del día, reflexiona sobre esta experiencia, anotando cualquier sensación de incomodidad y tus reacciones ante ellas. Con el tiempo, estos pequeños ejercicios pueden mejorar significativamente tu resiliencia, preparándote para enfrentar desafíos más grandes en la vida y facilitando una respuesta más estoica ante la adversidad.

Al integrar los ejercicios estoicos en el entrenamiento moderno de la resiliencia, aprovechas un manantial de sabiduría histórica que complementa las prácticas psicológicas contemporáneas. Esta sinergia no sólo enriquece nuestra comprensión de la resiliencia, sino que también amplía las herramientas disponibles para desarrollar este rasgo crucial. Mediante estas prácticas, no sólo estarás equipado para afrontar las inevitables dificultades de la vida, sino que también saldrás de ellas volviéndote más asertivo, virtuoso y firme.

En esta exploración de la resiliencia desde los puntos de vista estoico y psicológico, hemos descubierto cómo las prácticas antiguas pueden reforzar la aptitud mental moderna. Al pasar de la comprensión de la resiliencia individual a la exploración de la resiliencia comunitaria en el próximo capítulo, recuerda que los principios del estoicismo van más allá del desarrollo personal. También ofrecen un modelo para construir comunidades más fuertes y solidarias que puedan resistir y prosperar a través de los desafíos colectivos.

9

EL ESTOICISMO Y LA BÚSQUEDA DE LA FELICIDAD

E n medio del inexorable avance del tiempo y el ritmo implacable de la vida, donde la búsqueda de la "felicidad" frecuentemente nos conduce por senderos de placeres efímeros y logros superficiales, surge una pregunta fundamental: ¿cómo podemos anclar nuestra felicidad en principios más duraderos y menos susceptibles a las inevitables vicisitudes de la existencia? El estoicismo, como faro filosófico de la antigüedad, ofrece una interpretación profunda y atemporal de la felicidad que desafía la noción convencional de un anhelo por deleites transitorios, guiándonos en cambio hacia una vida de virtud y satisfacción interior.

DEFINIENDO LA FELICIDAD EN TÉRMINOS ESTOICOS

La felicidad, o "Eudaimonía" como la conocemos en la filosofía estoica, trasciende la interpretación moderna de la mera experiencia de euforia momentánea o la acumulación de bienes materiales. En cambio, se concibe como la realización profunda que emana de vivir en armonía con la virtud y la racionalidad. Esta felicidad estoica se cultiva mediante una vida ética deliberada y el dominio de uno mismo, convirtiéndola en una realidad casi inquebrantable frente a las fluctuaciones externas y los desengaños de la vida.

La distinción entre la felicidad estoica y el placer hedonista es fundamental. El hedonismo, que propugna la búsqueda del placer y la evitación del dolor, suele dar lugar a una felicidad que depende de condiciones externas, por lo que es inherentemente inestable y efímera. El estoicismo critica esta dependencia de fuentes externas para la felicidad, proponiendo en su lugar que la verdadera satisfacción procede del interior, de vivir una vida conforme al orden racional de la naturaleza y a nuestra propia naturaleza racional.

Un aspecto distintivo de la filosofía estoica es el concepto de "indiferentes preferidos". Se trata de cosas externas -como la riqueza, la salud y la reputación- que, aunque no son necesarias para la felicidad, pueden perseguirse y disfrutarse si uno las adquiere de un modo que no comprometa su virtud. Los estoicos enseñan que, aunque estos "indiferentes" pueden facilitar una vida cómoda, nunca deben convertirse en la fuente de nuestra felicidad, ni su pérdida o ausencia debe ser motivo de gran angustia. Esta perspectiva inspira un enfoque equilibrado de las ofertas externas de la vida, promoviendo la apreciación y el uso de tales bienes sin caer en una dependencia excesiva o en apegos que desdibujen nuestra libertad interior.

Las vidas de estoicos notables como Séneca y Epicteto ejemplifican de manera sobresaliente este enfoque de la felicidad. Séneca, reconocido como un hombre de gran riqueza, empleó sus recursos no solo para sus búsquedas filosóficas, sino también para ilustrar la importancia del desapego frente a la opulencia, abogando constantemente por las virtudes de la simplicidad y advirtiendo sobre los peligros inherentes a la abundancia. Por su parte, Epicteto, nacido en la condición de esclavitud, halló su libertad no a través de un proceso de emancipación externa—que, eventualmente, también alcanzó—sino mediante su férreo compromiso con el crecimiento interno y la comprensión profunda de la naturaleza humana. Ambos filósofos demuestran que la auténtica felicidad estoica se logra no mediante la acumulación de bienes materiales o circunstancias propicias, sino a través del cultivo de la virtud, la sabiduría y la resiliencia interior.

ELEMENTO VISUAL: ÁRBOL ESTOICO DE LA VIRTUD Y LA FELICIDAD

El árbol estoico de la virtud y la felicidad (Infografía)

- **Raíces**: Virtudes estoicas fundamentales (sabiduría, coraje, justicia, templanza)
- **Tronco**: Prácticas estoicas (reflexión, disciplina, atención plena)
- **Ramas**: Indiferentes preferidos (riqueza, salud, éxito)
- **Hojas**: Eudaimonía (alegría y satisfacción derivadas de la vida virtuosa)

Esta poderosa metáfora visual ilustra cómo las robustas "raíces" de las virtudes estoicas sostienen el perdurable "tronco" de las prácticas estoicas cotidianas, que a su vez soportan las "hojas" de la verdadera felicidad, independientemente de las "ramas" de las circunstancias externas que puedan mecerse con los caprichosos vientos de la fortuna.

A través de la lente del estoicismo, reexaminamos nuestra comprensión de la felicidad, lo que nos invita a un cambio paradigmático que nos aleja de la búsqueda de validación externa y placeres efímeros, orientándonos en su lugar hacia la construcción de una fortaleza interna de virtud y sabiduría. Al alinear nuestras vidas con estos principios, descubrimos que la verdadera felicidad no es un objeto que se persigue y se atrapa; es un estado que se cultiva y se experimenta, un subproducto inevitable de una vida vivida con coherencia y razón. Esta felicidad estoica, profundamente arraigada y nutrida por un compromiso ético, no solo ofrece un refugio de paz personal, sino que también enriquece y transforma el entorno que nos rodea, estableciendo un noble objetivo que merece ser perseguido.

PRÁCTICAS ESTOICAS DIARIAS PARA AUMENTAR LA SATISFACCIÓN VITAL

En la búsqueda de una vida marcada no sólo por el éxito, sino por una profunda satisfacción y calma, el estoicismo ofrece no sólo una filosofía, sino una práctica diaria. Integrar los ejercicios estoicos en tu rutina diaria no consiste sólo en adherirse a una filosofía antigua, sino en crear una vida más reflexiva, receptiva y rica en satisfacción. Para quienes deseen infundir la sabiduría del estoicismo en su vida cotidiana, hay varias prácticas que pueden incorporarse sin problemas incluso para aquellos que cuentan con agendas más exigentes.

Las meditaciones matutinas sobre la gratitud son una piedra angular de la práctica estoica diaria. Este ejercicio consiste en dedicar unos momentos de calma cada mañana a reflexionar sobre aquello por lo que estás agradecido. Pueden abarcar desde la apreciación del simple confort de un hogar hasta el reconocimiento del apoyo de un ser querido, o incluso la valoración de los desafíos que brindan oportunidades para el crecimiento. Esta práctica establece una actitud de positividad y agradecimiento hacia el día que comienza, anclándote en una mentalidad que valora lo que tienes en lugar de lo que te falta. La profunda importancia estoica de la gratitud radica en su capacidad para desplazar el enfoque de los deseos externos hacia la riqueza interna, fomentando así una sensación de abundancia que no depende de posesiones materiales o estatus.

Las revisiones nocturnas de las acciones son igualmente cruciales. Esta práctica implica tomarse un tiempo al final del día para reflexionar sobre tus acciones y decisiones. ¿Se alinearon con tus valores estoicos? ¿Cómo respondiste al estrés o a un desafío inesperado? ¿Actuaste por impulso o desde la racionalidad? Esta introspección no sólo ayuda al crecimiento personal al poner de relieve áreas de mejora, sino que también refuerza tu compromiso de vivir estoicamente. Con el tiempo, esta rutina alimenta una mente reflexiva que se inclina naturalmente hacia la toma de decisiones más consideradas y honorables.

La atención plena durante las tareas rutinarias es otro ejercicio estoico práctico. Consiste en estar plenamente presente y comprometido con la actividad en curso, sin juicios ni distracciones. Ya sea lavando platos, conduciendo o escribiendo un correo electrónico, la atención plena convierte estas tareas ordinarias en momentos de meditación y presencia. Este enfoque profundiza tu conexión con el momento presente—un objetivo clave del estoicismo—ayudándote a cultivar una vida en la que la paz no es algo que busques en fuentes externas, sino algo que generas desde tu interior.

El estoicismo en la vida moderna

La vida moderna, con su ritmo acelerado y su conectividad constante, a menudo puede parecer contraria a la práctica reflexiva y deliberada del estoicismo. Sin embargo, hay muchas formas de entretejer los ejercicios estoicos en el entramado de la vida contemporánea. Por ejemplo, puedes aprovechar las pausas en el trabajo para practicar breves reflexiones o ejercicios de atención plena. Unos minutos de concentración en la respiración o de contemplación de un principio estoico pueden restablecer tu mente y reducir el estrés. Tu trayecto al trabajo puede transformarse en una sesión educativa escuchando audiolibros o podcasts sobre estoicismo, convirtiendo los atascos en oportunidades de aprendizaje y reflexión.

Otro consejo es programar recordatorios en tu teléfono o computadora para reflexiones estoicas. Pueden ser simples sugerencias o pautas, como "¿Por qué estoy agradecido?" o "¿Qué está bajo mi control?", sobre las que reflexiones a lo largo del día para realinear tu enfoque con los ideales estoicos. Este método garantiza que el estoicismo no sea sólo algo sobre lo que lees o piensas en términos abstractos, sino que se convierta en una experiencia vivida e integrada en el funcionamiento de la vida cotidiana.

Historias de éxito

El impacto transformador de estas prácticas estoicas no es meramente teórico. Muchas personas han informado de mejoras significativas en su satisfacción vital tras integrar el estoicismo en sus rutinas diarias. Consideremos, por ejemplo, el caso de una abogada corporativa que comenzó a practicar meditaciones matutinas de gratitud, reportó una notable disminución de sus niveles habituales de estrés y un aumento de su satisfacción general en el trabajo. Atribuyó estos cambios a su renovada capacidad para apreciar sus logros y los aspectos positivos inherentes a su desafiante profesión. Otro ejemplo es el de un padre que dedica su tiempo a las labores del hogar y a la crianza de sus hijos; descubrió en la práctica de la atención plena durante las tareas cotidianas una valiosa herramienta para gestionar las tensiones inherentes a la crianza, logrando cultivar una mayor conciencia del momento presente y una paciencia renovada.

Estos testimonios subrayan una verdad crucial sobre el estoicismo, su esencia es profundamente práctica y realizable. Sus preceptos no están concebidos exclusivamente para el sosiego de los recintos de meditación o para el aislamiento contemplativo de los retiros, sino que están intrínsecamente diseñados para enfrentar el bullicio y los vaivenes de la vida diaria. Proporcionan herramientas que no solo reformulan nuestra manera de pensar, sino que también transforman la forma en que vivimos, ofreciendo una profundidad de satisfacción que permanece inmutable ante los cambios de circunstancias externas y los placeres efímeros. A medida que profundices en la exploración e integración de estas prácticas estoicas en tu vida cotidiana, es probable que descubras que el estoicismo ofrece no solo una filosofía o un conjunto de prácticas éticas, sino una hoja de ruta hacia una existencia profundamente gratificante.

EQUILIBRIO ENTRE AMBICIÓN Y SATISFACCIÓN: UNA PERSPECTIVA ESTOICA

La ambición y la satisfacción pueden parecer fuerzas contrapuestas, pero el estoicismo presenta un marco único en el que ambas pueden coexistir armoniosamente, enriqueciendo la vida en lugar de desgastarla. La concepción estoica de la ambición no la condena ni la rechaza, sino que refina su dirección y propósito. Alienta la búsqueda de la excelencia y de metas significativas, pero es esencial que estas metas sean perseguidas en consonancia con una vida virtuosa y principios éticos profundos. De este modo, se asegura que la ambición no socave las consideraciones éticas ni comprometa la integridad personal, manteniéndonos anclados en aquello que realmente enriquece nuestras vidas.

En el ámbito del estoicismo, la ambición se entiende como una fuerza constructiva, un motor que nos impulsa a la superación personal y a contribuir de manera significativa al bienestar de los demás. Sin embargo, esta aspiración al progreso debe estar siempre alineada con las virtudes estoicas—sabiduría, justicia, coraje y moderación—que actúan como guías morales. Por ejemplo, cualquier ambición que conduzca a conductas poco éticas o a la competencia despiadada en aras de la ganancia personal es, de manera inequívoca, incompatible con los valores estoicos. En este sentido, los estoicos proponen ambiciones que no solo elevan al individuo, sino que también benefician a quienes le rodean, fomentando así un bienestar colectivo.

El delicado equilibrio entre ambición y satisfacción se mantiene mediante la práctica de la gratitud hacia el presente. Aunque es natural anhelar metas futuras, encontrar alegría en el momento actual y reconocer la riqueza de lo que ya poseemos es igualmente esencial. Esta actitud no implica complacencia ni abandono de aspiraciones futuras, sino una profunda apreciación y valoración de la vida en el aquí y el ahora. Tal satisfacción se cultiva a través de la gratitud, la atención plena y la aceptación—prácticas ancladas en la filosofía estoica que nos sostienen en medio de la tumultuosa búsqueda de nuestros objetivos. Al nutrir la satisfacción con el presente, nos blindamos contra la desilusión que podría surgir cuando las ambiciones se ven postergadas o frustradas, preservando así un equilibro interno que asegura que nuestro bienestar no dependa exclusivamente de logros externos.

La fijación reflexiva de objetivos es una herramienta estoica práctica que tiende un puente entre la ambición y la virtud. Se trata de establecer objetivos que no sólo sean ambiciosos, sino que reflejen las virtudes estoicas, garantizando que nuestros objetivos contribuyan positivamente a nuestro carácter y a nuestra felicidad general. Al establecer tus objetivos, pregúntate ¿Estos objetivos fomentan mi crecimiento basado en la virtud? ¿Benefician a los demás tanto como a mí? Esta práctica reflexiva convierte la fijación de objetivos en un ejercicio disciplinado de autoconciencia y escrutinio ético, que alinea nuestras ambiciones con nuestros valores más profundos y garantiza que nuestras búsquedas no se limiten a alcanzar un destino, sino que enriquezcan el camino con integridad y propósito.

Las vidas de figuras tanto históricas como contemporáneas que han logrado equilibrar la ambición con la satisfacción ofrecen ilustraciones inspiradoras de este ideal estoico en acción. Tomemos como referencia el caso de Catón el Joven, una figura emblemática en la tradición estoica, célebre por su inquebrantable integridad. Las ambiciones políticas de Catón no eran meramente personales o egoístas; estaban impulsadas por un profundo compromiso hacia los ideales de la República Romana, defendiendo la justicia y el imperio de la ley a pesar de los riesgos personales que estas posturas conllevaban. Su existencia ilustra cómo la ambición, cuando se alinea con principios éticos sólidos y un propósito noble, puede perseguir fines elevados incluso en medio de adversidades personales o fracasos.

En la época contemporánea, encontramos manifestaciones similares de este equilibrio estoico en individuos como Malala Yousafzai, cuya insaciable ambición por la igualdad educativa se entrelaza de manera intrínseca con su compromiso por la paz y la justicia. A pesar de enfrentar desafíos monumentales y peligros inminentes, su determinación se mantiene firmemente arraigada en sus valores, sirviendo de inspiración para millones alrededor del mundo. Su trayectoria subraya el hecho de que la verdadera ambición, basada en los principios estoicos, va más allá de los logros personales y tiene en cuenta el impacto más amplio de las propias acciones en la comunidad y en el mundo.

Este enfoque estoico sobre la interrelación entre ambición y satisfacción nos invita a una profunda reflexión sobre nuestras propias aspiraciones y los valores que las fundamentan. Nos inspira a adoptar una perspectiva elevada, aspirando a logros significativos, pero con unos cimientos firmemente arraigados en la virtud y la vida ética. Al contemplar tus aspiraciones y la satisfacción que nacen de tu presente, considera cómo puedes entrelazarlas a través de la sabiduría estoica, no solo buscando el éxito externo, sino cultivando una vida de integridad interna y profunda plenitud.

EL PAPEL DE LA COMUNIDAD Y LAS RELACIONES EN LA FELICIDAD ESTOICA

En el vasto tapiz de la filosofía estoica, los hilos de la comunidad y las relaciones no son meramente decorativos, sino estructuralmente vitales. El estoicismo, a menudo malinterpretado como una doctrina de resistencia personal y racionalidad desapegada, concede una profunda importancia al tejido de la comunidad y a la calidad de nuestras relaciones. Este énfasis se basa en la creencia de que virtudes como la justicia y la caridad no se practican de forma aislada, sino que retratan nuestras interacciones con los demás. El concepto estoico de internacionalismo amplía esta idea a escala global, abogando por una visión del mundo en la que cada interacción humana sea una oportunidad para practicar estas virtudes, tratando a todos los individuos con justicia y amabilidad independientemente de sus distinciones culturales o geográficas.

Este principio estoico de internacionalismo no es sólo un ideal abstracto, sino un enfoque práctico de la vida. Anima a verse a uno mismo como ciudadano del mundo, lo que fomenta un sentido de responsabilidad hacia los semejantes, independientemente de los círculos sociales o culturales inmediatos. Esta perspectiva ampliada ayuda a cultivar un sentido de conexión y empatía, reduciendo los prejuicios y promoviendo un enfoque más integrador de las interacciones sociales. Al adoptar esta ciudadanía global, no sólo amplías tus propios horizontes sociales y emocionales, sino que también contribuyes a un mundo más armonioso y comprensivo.

La participación en relaciones saludables y actividades comunitarias ofrece un terreno fértil para la práctica de las virtudes estoicas. Cada interacción, ya sea a través del voluntariado en un refugio local, la participación en una limpieza comunitaria o simplemente al prestar un oído empático a un amigo, sirve como una aplicación práctica de las enseñanzas estoicas. Estas actividades brindan escenarios reales donde se puede cultivar virtudes como la caridad, la justicia y la templanza. Por ejemplo, el voluntariado permite la práctica de la caridad y la empatía, empujándote a considerar el bienestar de los demás y ofreciendo tus habilidades y tiempo en beneficio ajeno. De igual manera, resolver conflictos en el ámbito comunitario o familiar con equidad y paciencia te permite ejercitar la justicia y la templanza, equilibrando tus propias emociones y juicios con las necesidades y perspectivas de los otros.

El estoicismo enseña que no se puede alcanzar la verdadera felicidad—Eudaimonía—mediante una búsqueda solitaria, sino a través de nuestras contribuciones al bienestar de los demás, lo que a su vez enriquece nuestras propias vidas. Esta mejora recíproca de la satisfacción es evidente en las relaciones que se basan en principios de respeto, comprensión y apoyo mutuos. Las relaciones saludables fomentan un entorno de apoyo en el que las personas se sienten valoradas y conectadas, lo que contribuye significativamente a la satisfacción vital general y a la resiliencia. Estas relaciones se convierten en los canales a través de los cuales las virtudes estoicas no sólo se practican, sino que también se reciben, creando un ciclo de interacciones positivas y crecimiento personal.

Directrices para fomentar las conexiones comunitarias

Construir y mantener relaciones que reflejan los principios estoicos es una tarea que, aunque gratificante, presenta desafíos significativos. A continuación, se presentan algunas directrices prácticas para fomentar tales conexiones:

- **Haz voluntariado con regularidad**: Comprométete con el servicio comunitario o trabajos de voluntariado que estén en consonancia con tus valores. Esto no sólo beneficia a los demás, sino que también enriquece tu propia vida, proporcionándote perspectiva y profundizando tu sentido de gratitud y propósito.

- **Participa en grupos de debate**: Ya sea en un club de lectura, un grupo de debate sobre filosofía o una reunión de la comunidad, la participación en estos grupos ofrece oportunidades para intercambiar ideas, cuestionar tus percepciones y adquirir conocimientos desde perspectivas diversas.

- **Cultiva la comunicación abierta y honesta**: En tus relaciones, esfuérzate por ser transparente y honesto. Esto fomenta la confianza y la comprensión, que son los componentes esenciales de cualquier relación sólida.

- **Practica la escucha activa**: Muestra un interés genuino por los pensamientos y sentimientos de los demás. La escucha activa implica algo más que oír las palabras; se trata de comprender las emociones e intenciones subyacentes, lo que puede profundizar significativamente los vínculos interpersonales.

Al integrar estas prácticas en tu vida diaria, contribuyes activamente a una comunidad en la que las virtudes estoicas no sólo se idealizan, sino que se vivencian. Cada acto de bondad, cada momento de interacción honesta y cada decisión tomada con justicia y consideración resuenan influyendo no sólo en tu felicidad, sino también en el bienestar de la comunidad en general.

Al concluir este capítulo sobre el papel de la comunidad y las relaciones en la felicidad estoica, observamos cómo nuestro bienestar individual está profundamente entrelazado con la salud de nuestras relaciones y comunidades. El estoicismo, lejos de promover la introspección solitaria, inspira una participación activa en el mundo—comprometiéndonos, aprendiendo de los demás y contribuyendo al entorno comunitario que nos rodea. Esta implicación no representa una desviación de la búsqueda de la felicidad personal, sino un componente vital de ella, enriqueciendo nuestras vidas con profundidad, propósito y alegría.

En el próximo capítulo, exploraremos cómo los principios del estoicismo pueden aplicarse a dilemas éticos modernos, ofreciendo una perspectiva estoica a través de la cual observar y abordar algunos de los problemas más apremiantes que enfrenta nuestro mundo en la actualidad.

10

SABIDURÍA ESTOICA AVANZADA

Al sumergirnos en la vasta y rica complejidad del estoicismo, emergen fascinantes paradojas que desafían nuestra comprensión superficial de esta formidable escuela de pensamiento. Imagina que te encuentras en una encrucijada en la que se cruzan caminos marcados por signos aparentemente opuestos: "Libertad encadenada" y "Riqueza en la miseria". Aquí reside el fascinante dominio de las paradojas estoicas, afirmaciones profundas que a primera vista parecen contradictorias, pero que revelan verdades más profundas si se examinan más detenidamente. Estas paradojas no son meros juegos de palabras, sino que están diseñadas para provocar el cuestionamiento crítico, desafiar las nociones preconcebidas y profundizar en nuestra comprensión de la filosofía estoica.

NAVEGAR POR LAS PARADOJAS ESTOICAS

El estoicismo presenta varias paradojas que pueden desconcertar inicialmente a los novatos. Considera la afirmación "el sabio es libre mientras está encadenado" o "la verdadera riqueza consiste en tener pocos deseos". Para la mente moderna, acostumbrada a equiparar la libertad con la libertad física y la riqueza con la abundancia material, estas afirmaciones pueden parecer contradictorias, incluso irracionales. Sin embargo, estas paradojas cumplen una función crítica en la filosofía estoica, empujándote a reconsiderar tus suposiciones sobre lo que significa ser libre, rico o feliz.

La primera paradoja, "el sabio es libre mientras está encadenado", desafía la noción convencional de libertad. En el estoicismo, la verdadera libertad no tiene que ver con las circunstancias externas, sino con el estado interno de cada uno. Un sabio, o una persona sabia que practica plenamente los principios estoicos, sigue siendo libre incluso en la esclavitud física, porque su paz y felicidad no dependen de las condiciones externas, sino que están arraigadas en su carácter virtuoso y su mente racional. Esta idea te anima a reflexionar sobre la naturaleza de tus propias libertades. ¿Dependen de validaciones y condiciones externas, o están arraigadas en algo más profundo y duradero dentro de ti?

Del mismo modo, la paradoja "la riqueza consiste en tener pocos deseos" confiere un giro radical a nuestra comprensión convencional de la riqueza. La filosofía estoica postula que la verdadera riqueza no emana de la acumulación de bienes materiales, sino de la administración lograda de nuestros deseos.

Al limitar tus anhelos a lo que es esencial y controlable, puedes alcanzar una forma de riqueza que permanece a salvo de las inclemencias externas. Esta paradoja te incita a reflexionar sobre tus deseos y hábitos de consumo: ¿Contribuyen estos realmente a tu felicidad y sentido de realización, o simplemente te encadenan a ciclos interminables de deseo y adquisición que erosionan tu bienestar?

Interpretaciones filosóficas

Varios pensadores estoicos han proporcionado valiosas perspectivas sobre estas intrigantes paradojas que desafían nuestras nociones convencionales. Epicteto, por ejemplo, destacó el poder liberador del autocontrol y la racionalidad, proponiendo la provocadora idea de que uno puede experimentar la 'libertad' en cualquier circunstancia, siempre y cuando conserve el dominio sobre sus pensamientos y deseos. Séneca, en contraste, expandió la esfera del diálogo al abordar el concepto de riqueza de una manera más amplia, argumentando que las verdaderas riquezas no se encuentran en la acumulación de propiedades materiales, sino en la posesión de sabiduría, virtud y paz mental—cualidades que permanecen intactas, sin importar el nivel de pobreza exterior que uno pueda experimentar.

Estas interpretaciones subrayan un tema común en el pensamiento estoico: la redefinición de los valores convencionales para alinearlos con la virtud y la racionalidad. Al entender estas elucidaciones filosóficas, no sólo obtendrás una comprensión más profunda de las paradojas estoicas, sino también una orientación práctica para encarnar los principios estoicos en tu vida cotidiana.

Fomentando un compromiso reflexivo

Para comprometerte más con estas paradojas, considera la posibilidad de incorporarlas a tus prácticas reflexivas. Llevar un diario, por ejemplo, puede ser una forma excelente de explorar estos conceptos. Dedica una sección de tu diario a reflexionar sobre estas paradojas. Escribe sobre momentos en los que te sentiste "libre" a pesar de las limitaciones externas, o reflexiona sobre lo que significa realmente para ti la "riqueza". ¿Cómo cambian estas reflexiones tu perspectiva sobre la libertad y la riqueza?

Además, unirte o formar grupos de discusión puede proporcionarte diversas perspectivas sobre estas paradojas, enriqueciendo tu comprensión y aplicación de los principios estoicos. Estas conversaciones pueden cuestionar tus puntos de vista, profundizar en tus percepciones y ayudarte a ver formas prácticas de integrar la sabiduría estoica en tu vida.

Navegar por las paradojas del Estoicismo no sólo mejora tu comprensión de esta tradición filosófica, sino que también enriquece tu crecimiento personal y espiritual. Al desafiar las definiciones ortodoxas de libertad, riqueza y felicidad, el estoicismo te invita a un camino transformador en el que la sabiduría y la virtud iluminan el viaje, ofreciendo una sensación de plenitud más rica y profunda que trasciende los placeres superficiales y fugaces del mundo material.

TÉCNICAS AVANZADAS DE MEDITACIÓN Y REFLEXIÓN ESTOICAS

A medida que progreses en tu práctica estoica, podrías encontrarte buscando formas más avanzadas y matizadas de comprometerte con esta antigua filosofía. Las técnicas progresivas de meditación y reflexión estoicas ofrecen vías profundas para mejorar tu sensación de conexión con el mundo y profundizar en tu comprensión de ti mismo. Una de estas prácticas es la contemplación del cosmos, una meditación que amplía tu perspectiva más allá de la proximidad de las preocupaciones cotidianas y fomenta un profundo sentido de humildad y pertenencia a un orden mayor.

La contemplación del cosmos implica visualizar la inmensidad del universo y tu diminuto, aunque significativo, lugar en él. Esta práctica no sólo pone en perspectiva la escala de los asuntos humanos, sino que también se alinea con el principio estoico de que todo está interconectado. Al reconocer tu parte en el gran tapiz de la existencia, cultivas un sentido de gratitud y responsabilidad hacia él. Tales meditaciones no son meros ejercicios de humildad; son recordatorios de nuestro deber de vivir virtuosamente, ya que nuestras acciones contribuyen a la armonía o discordia del universo. Para practicar esto, puedes empezar visualizando la Tierra desde el espacio, viéndola como un único punto de luz entre muchos, y ampliando gradualmente tu visión para incluir las estrellas y las galaxias. Intenta reflexionar sobre la interconexión de todas las cosas y el pequeño pero significativo papel que desempeñas en este vasto cosmos.

Otra técnica avanzada implica el uso de la visualización para solidificar los principios estoicos en tu carácter. Imaginarte a ti mismo como el sabio estoico ideal, puede ser un poderoso ejercicio para encarnar las virtudes a las que aspiras. Imagina cómo manejaría un sabio las situaciones a las que te enfrentas: su calma, su racionalidad, su amabilidad. Luego, visualízate a ti mismo actuando del mismo modo. Esta práctica no sólo proporciona un modelo claro hacia el que esforzarse, sino que también ayuda a salvar las distancias entre la comprensión teórica y la aplicación práctica. Del mismo modo, imaginarse a uno mismo enfrentándose a los miedos y superándolos puede reforzar el valor y la resiliencia. Al ensayar mentalmente la superación de situaciones temidas, aumentas la confianza en ti mismo y te preparas psicológicamente para afrontar los retos que te esperan.

Las técnicas de reflexión profunda también desempeñan un papel crucial en la práctica estoica avanzada. A diferencia de las reflexiones diarias, que pueden centrarse en reacciones y acontecimientos inmediatos, las prácticas reflexivas más profundas implican un análisis más exhaustivo de tu progreso en la virtud. El diario filosófico es una herramienta esencial en este sentido. En lugar de simples entradas, este diario implica exámenes detallados de tus pensamientos, acciones y su alineación con los principios estoicos durante períodos más prolongados -semanales o mensuales-. Esto podría incluir reflexiones sobre lo bien que mantuviste la ecuanimidad en situaciones estresantes, la eficacia con que practicaste la justicia en tus interacciones o cómo podrías cultivar mejor la templanza en tus deseos y acciones.

La conexión de estas prácticas con las teorías estoicas sobre psicología y ética revela sus fundamentos en el pensamiento tradicional, mientras que ilustra su evolución para abordar las necesidades modernas. El estoicismo enseña que el desarrollo de la virtud es el camino hacia la verdadera felicidad. Las prácticas avanzadas de meditación y reflexión profundizarán tu compromiso con estas virtudes y fomentarán una transformación que es a la vez profunda y práctica. Al dedicarte regularmente a estas prácticas, no sólo obtendrás una visión más profunda de la filosofía estoica, sino que también potenciarás tu capacidad para aplicar sus enseñanzas en la vida cotidiana, lo que te conducirá a una existencia más reflexiva, equilibrada y satisfactoria.

LA RESPUESTA ESTOICA A LOS DILEMAS ÉTICOS MODERNOS

En la sociedad actual, en rápida evolución, nos enfrentamos a dilemas éticos complejos y polifacéticos, que van desde las cuestiones bioéticas sobre las modificaciones genéticas hasta la preocupación por la sostenibilidad medioambiental y las complejidades morales de la privacidad digital. El estoicismo, con su rica tradición de razonamiento ético, ofrece un marco sólido para navegar por estas cuestiones contemporáneas. Aplicando las virtudes estoicas -sabiduría, justicia, valor y templanza- a dilemas modernos, encontrarás una narrativa de claridad y dirección, aun en situaciones donde el camino moral parece oscurecido por intereses contrapuestos y las complejidades inherentes a la tecnología.

Enmarcar la bioética a través de las virtudes estoicas

Consideremos el ámbito de la bioética, donde los avances en ingeniería genética y biotecnología presentan escenarios que nuestros antepasados apenas podrían haber imaginado. El estoicismo nos enseña a abordar estos desafíos con sabiduría y justicia, equilibrando los beneficios potenciales de los avances científicos con la necesidad ética de respetar la dignidad humana y el mundo natural. Por ejemplo, al considerar el uso de la tecnología CRISPR, una técnica de edición genética que permite modificar el ADN, la sabiduría estoica podría guiarte a la hora de sopesar el potencial para erradicar enfermedades hereditarias frente a las implicaciones éticas de alterar la genética humana. La virtud de la justicia exigiría una consideración imparcial respecto a quién tendría acceso a tales tecnologías y las posibles repercusiones a largo plazo en la sociedad. En los debates o foros de toma de decisiones, abogar por políticas que reflejen no sólo las capacidades científicas, sino también la responsabilidad ética, encarna el compromiso estoico con la virtud frente al progreso.

Ética medioambiental y cosmopolitismo estoico

Las preocupaciones medioambientales emergen como un ámbito crítico donde los principios estoicos se vuelven imperativos. La concepción estoica del cosmopolitismo -que todos los humanos somos ciudadanos del mundo- puede ampliarse para incluir nuestra administración del planeta. Aplicar la justicia estoica implica abogar por acciones que no sólo beneficien a las comunidades individuales, sino que también contribuyan al equilibrio ecológico global. Esto podría manifestarse en la promoción de prácticas sostenibles que protejan el medio ambiente y a las generaciones futuras, fomentando un sentido más amplio de la responsabilidad y la interconexión. El coraje estoico entra en juego cuando se adopta una postura contra las prácticas perjudiciales para el medio ambiente, a pesar de la oposición de intereses poderosos o de la apatía de la conveniencia. El estoico es así convocado a actuar con coraje moral, defendiendo la causa de la justicia ambiental, incluso cuando dicha defensa resulte impopular o desafiante desde una perspectiva económica.

Navegar por la privacidad digital con principios estoicos

Los dilemas concernientes a la privacidad digital también exigen una respuesta fundamentada en los principios estoicos. La rápida proliferación de tecnologías digitales, si bien brinda una conectividad sin precedentes y un acceso amplio a la información, plantea preocupaciones profundas en lo que respecta a la privacidad y el uso ético de los datos. La sabiduría estoica proporciona directrices para discernir el uso apropiado de la tecnología, buscando equilibrar las potencialidades que ofrecen las innovaciones digitales con la imperativa necesidad de proteger los derechos y libertades individuales. La templanza, entendida como la virtud de la moderación, juega un papel crítico en la gestión de nuestra huella digital, proponiendo un enfoque equilibrado hacia la tecnología que evite caer en los extremos de la explotación de datos o en el recelo extremo hacia la misma. Al abogar por políticas y prácticas que aseguren la salvaguarda de la información personal mientras se promueven innovaciones socialmente beneficiosas, el individuo encarna las virtudes estoicas en su abordaje de uno de los dilemas morales más urgentes de nuestro tiempo.

El fomento de una práctica ética activa

El estoicismo, no solo como filosofía reflexiva, sino también como guía para la acción moral, incita a que nos involucremos de manera activa con estos dilemas contemporáneos. Se sugiere la implementación de auditorías éticas regulares en la vida profesional y personal, en las cuales se evalúe la congruencia entre nuestras acciones y los valores morales que profesamos. Tales prácticas no solo facilitan un crecimiento personal sustancial, sino que también producen un efecto multiplicador, impactando a otros dentro de nuestra comunidad y más allá. Participar en diálogos comunitarios o foros digitales sobre estos asuntos puede enriquecer tu comprensión e influencia, permitiéndote contribuir de manera estoica a los debates sociales que modelan nuestra realidad.

El estoicismo, con su firme énfasis en la virtud y el discurso racional, ofrece un prisma poderoso a través del cual se pueden observar y abordar los dilemas éticos contemporáneos. Ya sea que se navegue por las complejidades de la bioética, se abogue por la justicia ambiental, o se gestione la privacidad digital, los principios estoicos proveen una guía que es simultáneamente práctica y profundamente filosófica, estimulándote a actuar no desde el interés personal, sino en servicio del bien común. Al aplicar estos principios intemporales a los retos contemporáneos, uno continúa la venerable tradición estoica de compromiso ético, promoviendo así una sociedad más justa, reflexiva y virtuosa.

ESTOICISMO A LARGO PLAZO: MANTENER LA PRÁCTICA A LO LARGO DE LA VIDA

Mantener una práctica estoica a lo largo de la vida presenta su propio conjunto de desafíos, los que pueden variar significativamente de una etapa de la vida a otra. Un problema común con el que puedes encontrarte es el surgimiento de la duda sobre la eficacia del estoicismo para abordar circunstancias vitales nuevas o en evolución, o la duda derivada de la rutina y la complacencia, a menudo previsibles, que pueden mermar la vitalidad de cualquier filosofía practicada durante mucho tiempo. Además, presiones externas como cambios en las relaciones personales, transiciones profesionales o acontecimientos mundiales significativos pueden poner a prueba la resistencia de tus prácticas estoicas. A medida que envejeces y pasas por distintas fases de la vida, puede ocurrir que el significado y la aplicación de los principios estoicos cambien, lo que requiere un enfoque flexible y adaptable para mantener su eficacia.

Para superar estos desafíos y mantener tu compromiso con el estoicismo, es crucial revitalizar tu práctica con regularidad. Una estrategia eficaz es volver a profundizar en los textos fundacionales del estoicismo. Releer las obras de Marco Aurelio, Séneca y Epicteto puede reavivar tu entusiasmo y ofrecerte nuevas perspectivas que resuenen con tus circunstancias actuales. Cada lectura en diferentes etapas de la vida puede aportar un nuevo significado y perspectiva, profundizando en tu comprensión y aprecio de las enseñanzas estoicas.

La integración con comunidades estoicas es otra estrategia vital. Ya sea participando en foros en línea, asistiendo a talleres o uniéndote a grupos locales, conectar con otras personas que también están recorriendo el camino estoico puede proporcionarte tanto inspiración como apoyo práctico. Estas comunidades ofrecen una plataforma para compartir experiencias y estrategias, fortaleciendo tu práctica mediante la sabiduría compartida y el ánimo. Además, asumir un rol de enseñanza dentro de estas comunidades puede solidificar aún más tu comprensión y compromiso. Enseñar a otros no solo ayuda a clarificar tus propias creencias y prácticas, sino que también ofrece un sentido de propósito y satisfacción derivado de contribuir al crecimiento ajeno.

La práctica del estoicismo no es estática; evoluciona a medida que creces y cambian las circunstancias de tu vida. Lo que fue impactante en tu juventud podría adquirir un significado diferente en años posteriores. Reconocer y aceptar esta naturaleza dinámica de la práctica estoica es la clave para mantener su importancia y utilidad. Por ejemplo, mientras que el enfoque en las etapas tempranas de la vida podría centrarse en canalizar la ambición y manejar desafíos externos, en las etapas posteriores podría desplazarse hacia la reflexión sobre el legado personal y el cultivo de la tranquilidad. Adaptar tu práctica a estas prioridades y circunstancias cambiantes garantiza que el estoicismo continúe proporcionándote orientación y consuelo a lo largo de tu existencia.

Los beneficios a lo largo de toda la vida de la práctica estoica sostenida son profundos. Las historias de quienes han practicado estoicismo durante largo tiempo a menudo destacan un sentido arraigado de paz, resiliencia y plenitud que permea sus vidas. Hablan de una serenidad robusta que les protege de los caprichos de la vida y de una claridad de objetivos que guía sus elecciones e interacciones. Estas historias no sólo sirven como testimonio del poder perdurable del estoicismo, sino también como faro para los nuevos practicantes, ilustrando el profundo impacto que puede tener el estoicismo cuando se integra en la vida de una persona a largo plazo.

En este capítulo, hemos explorado los desafíos que supone mantener una práctica estoica a lo largo de la vida y hemos debatido estrategias para revitalizar y adaptar esta práctica a fin de garantizar su eficacia y relevancia continuas. También hemos considerado cómo la naturaleza evolutiva de la práctica estoica refleja las etapas y circunstancias cambiantes de la vida, proporcionando un marco flexible que respalda toda una vida de crecimiento y realización. Al pasar al siguiente capítulo, profundizaremos en prácticas estoicas específicas que pueden ayudarte a navegar por las complejidades de la vida moderna, ofreciéndote herramientas y estrategias que son a la vez prácticas y transformadoras. Esta exploración no sólo complementará tu comprensión de la filosofía estoica, sino que también mejorará tu capacidad para aplicar sus principios de un modo que enriquezca tu vida cotidiana.

11

EL DESARROLLO DE UNA MENTALIDAD ESTOICA

En el intrincado tapiz de la existencia, cada hilo—cada decisión, acción y pensamiento—se entrelazan para formar el complejo patrón de nuestra vida. Sin embargo, ¿con qué frecuencia nos detenemos a evaluar la calidad de estos hilos o la atención con la que los tejemos? El estoicismo, concebido como una filosofía del buen vivir, ofrece un fundamento sólido sobre el cual modelar una vida de propósito, resiliencia y ecuanimidad. Este capítulo te invita a asimilar la atención estoica en tu vida cotidiana, convirtiendo los momentos habituales en oportunidades significativas de crecimiento y reflexión.

CULTIVAR LA ATENCIÓN ESTOICA A LO LARGO DEL DÍA

La atención plena, en el sentido estoico, no es un mero acto de meditación, sino un hilo continuo que recorre el tejido de nuestra vida cotidiana. Implica centrarse conscientemente en el momento presente, aceptar lo que trae consigo y comprometerse a encarnar las virtudes estoicas en cada acción. La integración de la atención plena estoica en tus actividades cotidianas comienza con la técnica más sencilla pero más profunda: la respiración consciente.

Piensa en lo siguiente: cada respiración es un nuevo comienzo, un momento lleno de potencial para la claridad y la calma. Al centrarte en tu respiración, te anclas en el presente, alejando tu mente del desorden de los remordimientos del pasado y las ansiedades del futuro. Esta práctica puede emplearse en cualquier momento y lugar, desde la tranquilidad de tu rutina matutina hasta el caos de un ajetreado día de trabajo. Imagínate en una reunión estresante; a medida que las tensiones aumentan, centra tu atención en la respiración, cada inhalación y exhalación te recordará tu capacidad para mantener la serenidad y pensar con claridad, encarnando el ideal estoico de tranquilidad en medio del caos.

Partiendo de esta base de respiración consciente, puedes enriquecer aún más tu práctica estoica integrando la atención focalizada en tus tareas cotidianas. Tanto si estás escribiendo un correo electrónico, cocinando una comida o participando en una conversación, sumérgete por completo en la actividad que tienes entre manos. Esto significa observar cada sensación y acción con inquisición y desapego, reconociendo que son tareas que están bajo tu control, y que tu compromiso consciente con ellas puede transformar las rutinas mundanas en actos de práctica filosófica.

Para mantener este estado consciente a lo largo del día, considera la posibilidad de establecer recordatorios intermitentes para reflexiones estoicas. Pueden ser simples alertas en tu teléfono o notas adhesivas colocadas en tu espacio de trabajo, que te inciten a hacer una pausa y reflexionar sobre una virtud estoica o sobre la dicotomía del control. Por ejemplo, un recordatorio podría incitarte a reflexionar sobre la virtud de la templanza antes de una comida, animándote a tomar decisiones que se ajusten a tus valores y no a tus impulsos.

Fomentar la práctica de las "pausas estoicas"

Otra poderosa técnica para mejorar tu estoicismo diario es la práctica de las "pausas estoicas". Se trata de pausas deliberadas y breves, realizadas a intervalos regulares -quizá cada hora o entre tareas importantes- durante las cuales te apartas de las actividades externas para realinearte con tus principios estoicos. Durante una pausa estoica, podrías alejarte de tu escritorio para reflexionar sobre los acontecimientos recientes, evaluando tus respuestas y los ajustes necesarios para alinearte más estrechamente con las virtudes estoicas. Esta práctica es valiosa en entornos de mucha presión, donde las decisiones reactivas pueden conducir a resultados lamentables. Al reajustar rutinariamente tu enfoque, te aseguras de que tus acciones continúen siendo reflexivas y coherentes con la sabiduría estoica.

Los beneficios de cultivar una atención plena estoica continua son múltiples. Emocionalmente, te ayuda a regular tus respuestas, reduciendo la intensidad de las reacciones adversas al estrés o la provocación. Desde el punto de vista práctico, aumenta tu resistencia a los factores estresantes cotidianos, ya que te equipas mejor para afrontar los desafíos con una mente tranquila y centrada. En la toma de decisiones, la atención plena aumenta tu claridad, permitiéndote hacer elecciones que no sólo sean reactivas a las circunstancias inmediatas, sino que también reflejen objetivos y valores a largo plazo. En última instancia, la práctica continua de la atención plena estoica enriquece tu satisfacción vital, ya que fomenta un compromiso más profundo con el presente y una alineación más armoniosa con tus ideales filosóficos.

Incorporar estas prácticas estoicas a tu vida cotidiana no requiere cambios monumentales, sino ajustes relativamente pequeños y constantes en tu enfoque y tus acciones. Al incorporar la atención plena en el tejido de tus actividades diarias, transformas los momentos ordinarios en profundas oportunidades de crecimiento, encarnando los ideales estoicos de sabiduría, valor, justicia y templanza en todo lo que haces.

LA IMPORTANCIA DE LA RUTINA Y LA DISCIPLINA EN EL ESTOICISMO

En el ámbito del estoicismo, la disciplina no es una mera práctica, sino la base sobre la cual se construye la estructura de una vida estoica. Es la disciplina la que permite la aplicación coherente de los principios estoicos, forjando una vida marcada por un mayor autocontrol, virtud y, en última instancia, paz. El estoicismo nos enseña que, sin disciplina, nuestros esfuerzos por vivir una vida virtuosa son dispersos y esporádicos, susceptibles a los caprichos de las circunstancias y las emociones. Con disciplina, sin embargo, forjamos un camino firme a través de los altibajos de la vida, con nuestras acciones y pensamientos profundamente arraigados en la sabiduría estoica.

Imagina que empiezas cada día no como una serie de acontecimientos aleatorios, sino como una narrativa bien estructurada, en la que cada capítulo fluye sin problemas de continuidad hacia el siguiente, guiado por los principios de la sabiduría, el coraje, la justicia y la templanza. Éste es el poder de una rutina estoica. Una rutina así podría comenzar con las primeras horas de la mañana dedicadas a la meditación, quizá centrándose en el día que tienes por delante y en las virtudes que deseas encarnar. Esta práctica marca la pauta del día y te sitúa en un estado de atención y propósito. Tras la meditación, un periodo de reflexión sobre textos estoicos puede proporcionarte orientación filosófica, conectándote con la sabiduría atemporal de sabios estoicos como Marco Aurelio o Séneca. Estas lecturas actúan no sólo como ejercicios intelectuales, sino como sustento espiritual, alimentando tu vida interior y preparándote para los desafíos del día.

A medida que transcurre el día, un tiempo estructurado para reflexionar sobre tus acciones y su adecuación a los principios estoicos puede ayudarte a reforzar tu compromiso de vivir virtuosamente. Podría tratarse de una revisión a mediodía, una pausa para evaluar los acontecimientos de la mañana, o de una reflexión vespertina, un momento de tranquilidad para contemplar los logros del día y las áreas susceptibles de mejora. Tales prácticas garantizan que tus acciones permanezcan en armonía con tus valores, fomentando un sentido de integridad y coherencia en tu vida. Además, programar periodos regulares para revisar y realinear tus acciones con tus objetivos y principios ayuda a mitigar el impacto de las distracciones y la dilación, obstáculos habituales que pueden descarrilar incluso a los practicantes más dedicados.

CÓMO AFRONTAR LOS DESAFÍOS DE MANTENER LA DISCIPLINA

Mantener una rutina tan disciplinada no está exento de desafíos. El mundo moderno, con sus innumerables distracciones -desde las incesantes notificaciones de los teléfonos inteligentes hasta las constantes exigencias del trabajo y la vida familiar- puede hacer que la práctica estoica sostenida parezca una misión imposible. La dilación también se cuela a menudo, tentándonos a posponer nuestros deberes estoicos en favor de placeres instantáneos o tareas aparentemente urgentes. Sin embargo, es precisamente en la superación de estos desafíos donde se revela el verdadero valor de la disciplina estoica.

Las estrategias estoicas para combatir estas distracciones son tanto prácticas como filosóficas. Un método eficaz es el establecimiento de objetivos distintos y manejables para cada práctica estoica, ya sea la meditación, la lectura o la reflexión. Al dividir cada práctica en pasos pequeños y alcanzables, la naturaleza abrumadora de mantener la disciplina se hace más manejable, y la satisfacción de completar cada paso proporciona una motivación continua. Además, la práctica estoica de premeditatio malorum, o premeditación de los males, puede adaptarse para prever posibles distracciones o motivos de procrastinación. Al prever estos desafíos y planificar tus respuestas, fortaleces tu rutina contra lo imprevisto, asegurando que tus prácticas estoicas permanezcan intactas.

ESTUDIOS DE CASO DE RUTINAS ESTOICAS EXITOSAS

La eficacia de estas estrategias trasciende la mera teoría, hallando su validación en la experiencia palpable de aquellos individuos que han logrado integrar rutinas estoicas en sus vidas, cosechando beneficios profundos. Tomemos en cuenta el ejemplo de un ejecutivo de alto nivel que, a pesar del vertiginoso ritmo de la vida corporativa, ha sostenido una rutina matutina de reflexión y meditación estoica durante más de una década. Esta práctica no solo ha agudizado sus habilidades en la toma de decisiones y fortalecido su resiliencia ante los desafíos del ámbito empresarial, sino que ha transformado sus relaciones interpersonales, tanto con colegas como con su familia, impregnando sus interacciones de una notable paciencia y comprensión.

Un paradigma adicional se presenta en la figura de una maestra que ha sabido incorporar los principios estoicos en sus interacciones diarias con sus estudiantes. A través de la reflexión sobre las virtudes estoicas cada mañana y la revisión crítica de su día cada noche, ha cultivado un entorno en el aula que no solo propicia la excelencia académica, sino que también fomenta el desarrollo del carácter y la virtud entre sus alumnos. Su disciplina en adherirse a las prácticas estoicas ha convertido su aula en un espacio fértil para el crecimiento personal y la indagatoria, beneficiando a ella y a sus estudiantes por igual.

Estos estudios de casos ponen de relieve el potencial transformador de una rutina estoica disciplinada. Aplicando firmemente los principios estoicos a través de un programa diario estructurado, personas de todas las profesiones y condiciones sociales pueden alcanzar una sensación más profunda de plenitud, resiliencia y paz interior.

CÓMO UTILIZAR LA SABIDURÍA ESTOICA PARA MOLDEAR TU FILOSOFÍA DE VIDA

En el mosaico de tu vida, cada pieza -ya sea un momento fugaz o un acontecimiento significativo- tiene el potencial de contribuir a la imagen global de quién eres y qué representas. El estoicismo, con su rica herencia y sus profundas ideas, ofrece principios eternos que pueden ayudarte a moldear estas piezas en un todo coherente y significativo. Integrar los principios estoicos en tus creencias básicas no consiste sólo en adoptar una nueva forma de pensar, sino en transformar todo tu enfoque de la vida, asegurándote de que cada decisión y acción resuene con armonía filosófica.

Visualiza tus creencias básicas como los cimientos de un edificio. Del mismo modo que unos cimientos fuertes sostienen y estabilizan una estructura, unas creencias básicas bien integradas proporcionan estabilidad y dirección a tu vida. El estoicismo enseña que virtudes como la sabiduría, el coraje, la justicia y la templanza deben constituir la base de tus cimientos. No se trata sólo de conceptos abstractos, sino de guías prácticas que pueden orientar tus decisiones e interacciones. Por ejemplo, al adoptar la sabiduría estoica, aprendes a ver las cosas como realmente son, no como deseas que sean, lo que te lleva a conclusiones más realistas y fundamentadas. El coraje en el estoicismo no se refiere sólo a actos heroicos, sino a la valentía cotidiana, como defender lo que es correcto o admitir tus errores.

Desarrollar un código ético personal basado en las virtudes estoicas implica algo más que la mera comprensión de estos principios; requiere el compromiso de vivir de acuerdo a ellos. Puede empezar con pequeñas decisiones cotidianas: elegir la honradez frente al engaño, la paciencia frente a la impulsividad o el bien a largo plazo frente al beneficio a corto plazo. Con el tiempo, estas elecciones se convierten en hábitos, reforzando tu código ético en tu identidad. Considera la posibilidad de crear un "manifiesto de virtudes" personal, una declaración escrita de las virtudes estoicas clave por las que aspiras a vivir, adaptada a tus objetivos y desafíos individuales. Este manifiesto puede servirte de recordatorio y guía constante, ayudándote a alinear tus acciones con tu marco ético, especialmente cuando te enfrentes a dilemas morales o pruebas personales.

La belleza del estoicismo reside en su adaptabilidad; reconoce que la vida es diversa y siempre cambiante, y permite la flexibilidad de interpretar sus principios según las circunstancias individuales. Esta flexibilidad es crucial porque reconoce que la trayectoria vital de cada persona es única. Por ejemplo, la forma en que practicas la justicia estoica puede parecer diferente si eres profesor, padre o director de una empresa, pero el principio subyacente -actuar con equidad y consideración hacia los demás- sigue siendo el mismo. Esta adaptabilidad te impulsa a personalizar la sabiduría estoica, haciéndola relevante y aplicable a tus situaciones vitales concretas, tanto si navegas por cambios profesionales, relaciones personales o conflictos internos.

El poder transformador de adoptar una filosofía de vida estoica es profundo: se trata de algo más que de afrontar los retos de la vida; se trata de prosperar a pesar de ellos. El estoicismo te dota de herramientas para mantener la paz interior en medio del caos, ver el crecimiento en los desafíos y fomentar la armonía en las relaciones. Fomenta un enfoque proactivo de la vida, en el que no te limitas a reaccionar ante los acontecimientos, sino que moldeas activamente tus respuestas de acuerdo con tus valores. Esta postura proactiva es fortalecedora, pues infunde una sensación de control y satisfacción que impregna todos los ámbitos de la vida. A medida que sigas aplicando los principios estoicos, es probable que notes un cambio en tu bienestar general: una mayor sensación de plenitud, resiliencia ante la adversidad y una armoniosa alineación con el mundo que te rodea.

Adoptar el estoicismo como filosofía de vida transforma la vida cotidiana en una práctica más intencionada y reflexiva, en la que cada elección y acción se convierte en una prueba de tus valores y creencias. Fomenta una vida con propósito e integridad, en la que no sólo existes, sino que vives de verdad, guiado por la sabiduría, impulsado por la virtud y satisfecho por la armonía entre tus creencias y tus acciones. Al entretejer los principios estoicos en el tejido de tu vida, creas un vibrante tapiz de experiencias que no sólo refleja tu verdadera esencia, sino que también contribuye positivamente al mundo que te rodea.

ESTOICISMO PARA LAS TRANSICIONES VITALES Y LOS NUEVOS COMIENZOS

La vida, en su esencia, es una serie de transiciones: cada fase conlleva nuevos retos y oportunidades. Tanto si se trata de iniciar una nueva carrera profesional, mudarse a otra ciudad, empezar o terminar una relación u otros acontecimientos vitales fundamentales, estos cambios pueden resultar desalentadores. El estoicismo, con su rica reserva de sabiduría, ofrece no sólo consuelo, sino estrategias prácticas para navegar por estos cambios con aplomo y claridad.

Considera el profundo impacto de abrazar las virtudes estoicas durante estas transiciones. El coraje, por ejemplo, no consiste simplemente en enfrentarse con valentía a nuevos retos; implica la sutileza de adentrarse en lo desconocido con esperanza. Se trata de decir sí a un nuevo trabajo o a mudarse al otro lado del país a pesar de las incertidumbres. La sabiduría, otra virtud estoica, desempeña un papel fundamental en la toma de decisiones acertadas en estos tiempos. Implica considerar detenidamente los posibles efectos a largo plazo de tus elecciones, asegurándote de que tus decisiones estén en consonancia con tus valores más profundos y tus objetivos a largo plazo. La templanza, o la moderación de tus deseos e impulsos, garantiza que mantengas el equilibrio en medio de la agitación del cambio, evitando reacciones extremas que puedan conducir al arrepentimiento.

La aplicación práctica de estos principios es sencilla pero profunda. Por ejemplo, cuando te acerques a un cambio profesional importante, emplea la sabiduría estoica evaluando a fondo la nueva oportunidad. Considera no sólo los beneficios económicos y profesionales, sino también cómo se alinea este cambio con tus valores y ambiciones a largo plazo. Utiliza la templanza para equilibrar tu entusiasmo con el sentido práctico, asegurándote de que tu decisión sea completa y sostenible. Y deja que el coraje te motive a dar este paso adelante, aunque signifique salir de tu zona de confort.

Estrategias para afrontar los nuevos comienzos con una mentalidad estoica

Adoptar una mentalidad estoica puede ser increíblemente beneficioso para gestionar eficazmente las incertidumbres de los nuevos comienzos. Empieza por visualizar estos cambios como oportunidades de crecimiento, en lugar de como obstáculos. Este cambio de perspectiva puede reducir significativamente la ansiedad y aumentar tu apertura a nuevas experiencias. En la práctica, esto puede implicar establecer objetivos claros y alcanzables para el periodo de transición. Por ejemplo, si te mudaras, uno de tus objetivos podría ser explorar y conectarte con la comunidad, lo que no sólo te ayudará a adaptarte al nuevo entorno, sino también a crear un sistema de apoyo.

Otra estrategia consiste en llevar un diario estoico durante las transiciones. Las anotaciones regulares te permiten reflexionar sobre tus experiencias, controlar tu estado emocional y mental, y evaluar hasta qué punto estás alineando tus acciones con las virtudes estoicas. Esta práctica no sólo proporciona claridad y dirección, sino que también sirve como registro de tu crecimiento y adaptación a través de importantes cambios vitales.

Historias de adaptación estoica

La practicidad del estoicismo para transitar a través de los cambios de la vida no es sólo teórica, sino que se ilustra vívidamente en la vida de figuras tanto históricas como contemporáneas. Consideremos la historia de Catón el Joven, un político romano conocido por sus virtudes estoicas. Enfrentado al tumultuoso panorama político de su época y al ascenso de Julio César, Catón se mantuvo firme en sus principios, demostrando un inmenso coraje e integridad. Su vida es un profundo ejemplo de cómo las virtudes estoicas pueden guiarnos a través de los trastornos personales y sociales.

En tiempos más recientes, consideremos la historia de una ejecutiva moderna que, tras un cambio repentino en el sector, se encontró contemplando una transición importante en su carrera. Aplicando los principios estoicos, afrontó los cambios con gracia y previsión. Utilizó la sabiduría para evaluar sus opciones, el coraje para poner en marcha su consultoría y la templanza para mantener el equilibrio durante los inestables meses iniciales. Su éxito actual no se debe sólo a sus logros profesionales, sino a su capacidad para mantener la paz y la satisfacción a través de los impredecibles vaivenes de la vida.

Estas historias no sólo nos inspiran, sino que también demuestran que el estoicismo es tan aplicable en el dinámico mundo actual como lo era en la antigüedad. Demuestran que el estoicismo proporciona algo más que un consuelo filosófico; ofrece herramientas prácticas que pueden ayudarnos a navegar a través de los inevitables cambios de la vida con confianza y sabiduría.

La transición a través de las distintas fases de la vida puede significar un verdadero reto, pero con los principios estoicos como guía, no se trata tanto de sobrevivir como de prosperar. Al adoptar las virtudes del coraje, la sabiduría y la templanza, y al considerar cada cambio como una oportunidad de crecimiento, te equipas para afrontar los nuevos comienzos con una mentalidad tranquila y optimista. Este enfoque no sólo mejora tu adaptación inmediata, sino que también contribuye a una vida de experiencias ricas y satisfactorias marcadas por el crecimiento personal y la resiliencia.

Al concluir esta exploración del estoicismo a través de las transiciones vitales y los nuevos comienzos, recuerda que cada cambio al que te enfrentas no es meramente una prueba de tu capacidad de adaptación, sino una oportunidad para profundizar en la práctica de las virtudes estoicas. Estos principios no sólo te ayudan a sortear los cambios, sino que transforman el modo en que los experimentas, convirtiendo cada transición en un peldaño hacia una vida más virtuosa y plena.

En el próximo capítulo, exploraremos cómo mantener y profundizar tu práctica estoica a largo plazo, asegurándonos de que el estoicismo siga siendo una parte vibrante y convincente de tu vida cotidiana.

12

EL ESTOICISMO EN LA ERA DIGITAL

En una época donde el zumbido de las notificaciones y el brillo de las pantallas dominan gran parte de nuestras horas de vigilia, ¿cómo podemos reclamar nuestra atención y utilizar nuestras herramientas digitales para enriquecer nuestras vidas en lugar de restarles valor? Los antiguos estoicos, quienes valoraban el dominio sobre la mente y los impulsos, ofrecen una guía sorprendentemente pertinente para navegar a través de nuestro actual panorama digital. En este capítulo exploraremos cómo puedes aplicar la disciplina estoica para gestionar las distracciones digitales y potenciar tu enfoque, productividad y tranquilidad.

GESTIONANDO LAS DISTRACCIONES DIGITALES MEDIANTE LA DISCIPLINA ESTOICA

No es ningún secreto que nuestros dispositivos digitales, aunque increíblemente útiles, también pueden convertirse en fuentes de distracción constante. Las notificaciones de las redes sociales, la tentación de desplazarse sin cesar por los feeds de noticias y la rápida afluencia de correos electrónicos pueden fragmentar nuestra atención y disminuir nuestra capacidad para centrarnos en las tareas y los momentos que verdaderamente importan. El desafío, por lo tanto, no consiste sólo en utilizar la tecnología, sino en hacerlo de manera sabia y efectiva.

El principio estoico del control

El estoicismo nos enseña a distinguir entre lo que podemos controlar y lo que no. En el contexto de las distracciones digitales, esto significa reconocer que, aunque no podemos controlar el diseño de las aplicaciones ni las estrategias que utilizan las empresas tecnológicas para captar nuestra atención, sí podemos controlar nuestras respuestas ante estas tecnologías. Tenemos el poder de elegir hacia dónde dirigir nuestra atención. Esta toma de conciencia es el primer paso para recuperar el control sobre nuestras interacciones digitales.

Un ejercicio estoico eficaz para mejorar este aspecto del control consiste en determinar momentos establecidos específicamente para consultar el correo electrónico o las redes sociales. En lugar de reaccionar a las notificaciones en tiempo real, podrías optar por revisar tu correo electrónico sólo en intervalos definidos—tal vez una vez por la mañana, una después del almuerzo y una más antes de concluir tu jornada laboral. Esta práctica no solo contribuye a reducir la fragmentación de tu atención, sino que también te permite participar con el contenido digital de una manera más deliberada y efectiva.

Crear un entorno digital disciplinado

Para fortalecer aún más tu disciplina estoica en el ámbito digital, considera los entornos físicos y virtuales en los que interactúas con la tecnología. Despejar tus espacios digitales puede tener un profundo impacto en tu claridad mental y en tu capacidad de concentración. Comienza organizando tus archivos digitales y desinstalando aplicaciones que ya no usas o que tienden a consumir tu tiempo. Utiliza herramientas tecnológicas que limiten el uso o bloqueen los sitios web que te distraigan durante las horas de trabajo para ayudarte a mantener la concentración.

Asimismo, establecer límites físicos para el uso de dispositivos puede resultar increíblemente beneficioso. Designa áreas específicas de tu hogar, como el dormitorio o el comedor, como zonas libres de tecnología. Esto no solo ayuda a reducir las distracciones digitales, sino que también favorece un mejor sueño y fomenta interacciones más significativas con los miembros de la familia.

Atención plena estoica en los compromisos digitales

Otra poderosa práctica estoica consiste en utilizar los momentos de compromiso digital como oportunidades para practicar el autocontrol y la atención plena. Antes de abrir una aplicación o responder a un correo electrónico, tómate un momento para respirar profundamente y recordar tu intención para esta interacción. Pregúntate a ti mismo: ¿Es necesaria esta acción? ¿Está en consonancia con mis valores y objetivos? Al detenerte a reflexionar de este modo, transformas una reacción potencialmente mecánica en una acción consciente.

Elemento visual: El organigrama de la disciplina digital estoica

Para ayudarte a aplicar estos principios, considera el Diagrama de flujo de la disciplina digital estoica, una infografía que describe un proceso paso a paso para gestionar eficazmente las distracciones digitales. Este diagrama de flujo te incita a plantearte preguntas clave antes de utilizar la tecnología digital, ayudándote a hacer un uso más deliberado y controlado de tus dispositivos. Sirve como recordatorio visual de los principios estoicos tratados en esta sección, integrando la sabiduría antigua con los desafíos modernos para ayudarte a navegar a través de tu vida digital con mayor propósito y tranquilidad.

REDES SOCIALES Y ESTOICISMO: MANTENER LA ECUANIMIDAD EMOCIONAL EN INTERNET

En la vasta red interconectada de las redes sociales, es fácil caer en la trampa de la comparación constante, donde cada publicación y actualización de los demás puede parecer un reflejo de lo que nos falta. Este paisaje digital, rebosante de realidades curadas que muestran vidas perfectas, puede sesgar significativamente nuestra percepción, provocando sentimientos de inadecuación, envidia o incluso ira. Sin embargo, a través de la lente del estoicismo, encontramos valiosas estrategias para navegar por este espacio con más atención, asegurándonos de que nuestro compromiso con las redes sociales nos enriquezca en lugar de drenarnos.

Sabiduría estoica sobre el desapego emocional

La práctica estoica del desapego emocional se erige como un antídoto poderoso contra los efectos adversos que las redes sociales pueden provocar en nuestra psique. Al dirigir nuestra atención hacia valores internos en lugar de buscar validación externa, el estoicismo nos instruye en el arte de cultivar una indiferencia sabia hacia aquello que se encuentra fuera de nuestro propósito moral. Este enfoque no implica una adopción de la insensibilidad o la desconexión; más bien, se trata de anclar nuestra autoestima en nuestras virtudes y acciones, desplazando la dependencia de la aprobación ajena. Al confrontar, por ejemplo, una publicación que suscita sentimientos de envidia o insuficiencia, un enfoque estoico nos invita a reorientar nuestra perspectiva desde los estándares externos de éxito—como la riqueza o la apariencia física—hacia el progreso personal y la integridad ética. Este giro no solo mitiga emociones perturbadoras, sino que también alinea nuestras interacciones en redes sociales con nuestros valores más profundos, promoviendo así un sentido de autoestima y satisfacción auténtica.

Compromiso consciente con las redes sociales

Para enriquecer nuestra experiencia digital, el estoicismo aboga por la práctica de la atención plena, particularmente en el contexto de nuestras interacciones en redes sociales. Esto exige una conciencia aguda de nuestro estado emocional antes, durante y después de cada interacción digital. Al reflexionar sobre nuestras motivaciones antes de sumergirnos en las redes sociales, podemos discernir si buscamos conexión, distracción o validación. Durante la interacción, mantener dicha conciencia nos permite identificar cuando comienzan a surgir sentimientos de angustia o comparación, brindándonos la oportunidad de pausar y reorientar nuestras acciones hacia principios estoicos. Posteriormente, reflexionar sobre nuestras emociones puede proporcionar información valiosa acerca de si la interacción fue beneficiosa o si se requiere una reevaluación de nuestros hábitos en el futuro. Este enfoque consciente transforma el uso de las redes sociales de una actividad pasiva y potencialmente perjudicial a una oportunidad rica para el crecimiento personal y la autoconsciencia.

Reflexiones estoicas sobre las interacciones en las redes sociales

Reflexionar regularmente sobre nuestras interacciones con las redes sociales es una práctica estoica fundamental que puede mejorar significativamente nuestras experiencias en línea. Si nos tomamos tiempo para evaluar si nuestros compromisos contribuyen positivamente a nuestras vidas, podemos tomar decisiones informadas sobre la mejor manera de utilizar estas poderosas herramientas. Esto puede implicar poner límites al tiempo que pasamos en línea, seleccionar nuestros feeds para incluir contenidos más positivos e inspiradores, o incluso hacer pausas periódicas en las redes sociales para volver a conectar con nuestra vida fuera de línea. Estas reflexiones no sólo ayudan a mantener el equilibrio emocional, sino que también garantizan que nuestros hábitos digitales se ajusten a nuestros objetivos y valores generales, reforzando nuestro compromiso estoico de vivir una vida virtuosa.

Al adoptar estas estrategias estoicas—desapego emocional, compromiso consciente y reflexión regular—no solo nos defendemos contra las desventajas inherentes a las redes sociales, sino que también aprovechamos sus capacidades como instrumentos para nuestro crecimiento personal y espiritual. Estas prácticas nos empoderan para navegar por el entorno digital con una sabiduría serena y una compostura firme, transformando cada desplazamiento o clic en un paso hacia una mayor autocomprensión y ecuanimidad.

APLICAR EL ESTOICISMO A LAS INTERACCIONES Y RELACIONES EN LÍNEA

En la vasta extensión del mundo digital, nuestras interacciones a menudo carecen de las señales físicas y emocionales que guían la comunicación en persona. Esta ausencia puede dar lugar a intercambios menos empáticos y más impulsivos, donde el anonimato y el desapego inherente a las plataformas en línea fomentan comportamientos y declaraciones que, en un contexto cara a cara, podrían ser evitados. El velo de una pantalla puede empoderar a algunos para expresar críticas más severas o participar en diálogos más confrontativos de lo habitual. Comprender estas dinámicas resulta esencial para aplicar principios estoicos que nos permitan navegar eficazmente en entornos digitales.

Las virtudes estoicas—justicia, templanza y coraje—trascienden ser meras aspiraciones filosóficas, convirtiéndose en herramientas prácticas para enriquecer nuestras interacciones en línea. La justicia, en el marco del estoicismo, implica tratar a los demás con equidad y benevolencia, un principio que frecuentemente se ve desafiado en las interacciones anónimas en línea. Para encarnar la justicia estoica en un entorno digital, es fundamental recordar que detrás de cada foto de perfil y nombre de usuario reposa una persona real con emociones, retos y una existencia tan compleja como la nuestra. Esta comprensión no solo transforma nuestra perspectiva, sino que también modera nuestras reacciones; asegura que nuestras respuestas sean no solo veraces, sino también consideradas y constructivas.

La templanza, o moderación, se erige como otra virtud esencial en el ámbito digital. Nos guía a responder a los demás no con reacciones impulsivas, sino con un discurso reflexivo y mesurado. Aplicar la templanza puede significar tomarse un momento para respirar y reflexionar antes de responder a un comentario provocador o elegir no participar en todos los debates que se te presentan en línea. Esta práctica no solo preserva nuestra paz mental, sino que también contribuye a la construcción de un entorno en línea más positivo y constructivo. Así, al enfrentarnos a un acalorado debate en un grupo de redes sociales, optar, por ejemplo, por ofrecer una respuesta equilibrada y bien argumentada, o incluso renunciar a participar, puede ser una manifestación de templanza en acción.

La virtud del coraje, que en la filosofía estoica comprende no solo la valentía ante el peligro físico, sino también el valor moral de hablar y vivir con integridad, cobra especial relevancia en el contexto de la difamación de información en las plataformas digitales. La manifestación del coraje estoico puede implicar defender la verdad y la integridad, verificando la información antes de compartirla o corrigiendo respetuosamente las concepciones erróneas en discusiones en línea. Tal acto requiere una dosis de valentía, pues mantener nuestros principios éticos a menudo demanda ir contra la corriente, incluso cuando resulta más cómodo conformarse con la opinión general y permanecer en silencio.

Pautas para un comportamiento virtuoso en línea

Establecer directrices personales claras fundamentadas en las virtudes estoicas es esencial para mantener el decoro y el respeto en las discusiones en línea, particularmente ante interacciones desafiantes que puedan surgir, como el enfrentamiento con trolls de internet. En primer lugar, es imperativo esforzarse por comunicarse con respeto y sinceridad, reconociendo que la elección de las palabras tiene el poder de impactar profundamente en la psique ajena. Al encontrarse con trolls o comentarios extremadamente agresivos, un enfoque estoico propone responder con la calma y la lógica que emanan de la razón, o, alternativamente, optar por la no participación, manteniendo la serenidad y evitando que tales interacciones perturben nuestra paz interior.

Contribuir de manera positiva a las comunidades digitales también implica participar activamente en discusiones que fomenten la comprensión mutua y el aprendizaje colectivo. Compartir perspectivas reflexivas, ofrecer apoyo genuino y expresar aprecio por las valiosas contribuciones de otros enriquecen no solo la comunidad, sino que también refuerzan tu compromiso con las virtudes estoicas, al centrarte en intercambios constructivos y significativos que promuevan el bien común.

Conviene señalar que el papel de la comunidad en el pensamiento estoico es de una relevancia profunda. Las plataformas en línea contemporáneas pueden operar como comunidades estoicas modernas en las que los individuos buscan consejo, encuentran apoyo y comparten sabiduría. Tener la iniciativa de participar, o incluso fundar grupos en línea dedicados a la filosofía estoica y su aplicación práctica en la vida diaria, puede proporcionar oportunidades invaluables para el aprendizaje y el crecimiento personal. Estas comunidades facilitan el intercambio de ideas y experiencias, enriqueciendo la comprensión colectiva e inspirando la aplicación pragmática de los principios estoicos en una variedad de contextos vitales.

Navegar por el ámbito digital mediante la óptica del estoicismo no solo te prepara para abordar los desafíos inherentes a las interacciones en línea, sino que también transforma estas experiencias en catalizadores para el crecimiento personal y la contribución constructiva. La práctica de estas antiguas virtudes en plataformas contemporáneas subraya la pertinencia atemporal de la sabiduría estoica, orientándonos hacia una vida digital más reflexiva, equilibrada y significativa.

EL ESTOICO MODERNO: INTEGRAR LA SABIDURÍA ANTIGUA EN UN MUNDO TECNOLÓGICO

En una era donde la tecnología permea cada aspecto de nuestras vidas, el desafío a menudo radica no en adoptar nuevas tecnologías, sino en integrarlas de manera que enriquezcan nuestro bienestar en lugar de socavarlo. La práctica estoica ancestral, con su enfoque en la sabiduría, la virtud y el autocontrol, proporciona perspectivas valiosas acerca de cómo podemos utilizar tecnologías modernas, como aplicaciones digitales y realidad virtual, para profundizar nuestra comprensión y práctica de estos principios atemporales.

La adaptación de las prácticas estoicas tradicionales, como el diario y la meditación, a las tecnologías modernas no es sólo una cuestión de comodidad, sino que también mejora la accesibilidad y el compromiso. Por ejemplo, las aplicaciones digitales para llevar un diario pueden facilitar la práctica estoica de la reflexión diaria, facilitando el seguimiento de pensamientos, emociones y acciones a lo largo del tiempo. Estas aplicaciones suelen incluir funciones como recordatorios y sugerencias, que pueden ayudarte a mantener la coherencia en tus prácticas reflexivas. Del mismo modo, la realidad virtual ofrece nuevas dimensiones a la meditación, permitiéndote sumergirte en entornos serenos que podrían no ser manejables en tu entorno cotidiano. Esto puede ser especialmente beneficioso para cultivar la práctica estoica de la atención plena y la presencia, ya que estas experiencias inmersivas pueden ayudarte a desprenderte de las distracciones cotidianas y centrarte intensamente en tu estado interno.

Además, los beneficios de la tecnología en la práctica del estoicismo también se extienden a los aspectos educativos y comunitarios. Muchas aplicaciones están dedicadas al estoicismo y ofrecen meditaciones diarias, citas de filósofos estoicos y ejercicios interactivos que hacen que la filosofía sea más accesible y aplicable a la vida cotidiana. Estas plataformas digitales no sólo sirven como herramientas para la práctica individual, sino que también fomentan un sentido de comunidad entre los interesados en el estoicismo. Los usuarios pueden compartir ideas, debatir interpretaciones de los textos estoicos y apoyarse mutuamente en la aplicación de los principios estoicos a los desafíos modernos. Este aspecto comunitario es crucial, ya que el estoicismo hace hincapié no sólo en el crecimiento personal, sino también en el desarrollo de virtudes que contribuyan al bienestar de la sociedad.

Sin embargo, la incorporación del estoicismo a nuestro mundo tecnológico no está exenta de desafíos. El rápido ritmo de las interacciones digitales y la naturaleza a menudo superficial de las comunicaciones en línea pueden parecer contrarios a la naturaleza profunda y reflexiva de la filosofía estoica. Aquí, la práctica estoica de la atención plena cobra especial relevancia. Al desacelerar conscientemente nuestras interacciones con la tecnología -haciendo una pausa para reflexionar sobre el propósito y el impacto de nuestros compromisos digitales- podemos contrarrestar el ritmo frenético de la era digital. Esto podría implicar establecer intenciones antes de utilizar la tecnología, como intentar aprender algo nuevo o conectar de forma significativa con los demás, en lugar de desplazarnos sin sentido a través de los contenidos.

Fomentar un enfoque equilibrado hacia la tecnología es igualmente esencial. El estoicismo nos enseña a utilizar las cosas externas sin volvernos dependientes de ellas, un principio que puede guiar nuestro uso de la tecnología. Se trata de aprovechar la tecnología para mejorar nuestras vidas y virtudes sin dejar que esta dicte nuestra felicidad o autoestima. Por ejemplo, si bien una aplicación estoica puede facilitar la práctica de la atención plena, es igualmente fundamental cultivar la capacidad de ser conscientes sin ella, garantizando que nuestra práctica esté fundamentada en habilidades internas y no en ayudas externas.

Al adoptar estas estrategias, te alineas con el ideal estoico de vivir de acuerdo con la naturaleza. En términos actuales, esto puede interpretarse como vivir en armonía con el entorno tecnológico que nos rodea, utilizándolo reflexiva y deliberadamente para mejorar nuestra capacidad de virtud, sabiduría y satisfacción. Al hacerlo, no sólo navegarás por el mundo de la alta tecnología con mayor eficacia, sino que también profundizarás en tu práctica del estoicismo, encontrando en la sabiduría antigua un poderoso aliado para la vida moderna.

Al concluir esta exploración de la integración del estoicismo en la era digital, observamos cómo las prácticas ancestrales pueden encontrar nuevas expresiones y aplicaciones en los entornos contemporáneos. Este capítulo ha demostrado que al adaptar la sabiduría estoica a las herramientas contemporáneas, podemos mejorar nuestra comprensión y aplicación de esta tradición filosófica, haciéndola aún más relevante y valiosa en nuestra vida cotidiana. En el próximo capítulo nos centraremos en consolidar estas prácticas en un estilo de vida estoico cohesionado, garantizando que los principios del estoicismo no sean sólo algo que estudiamos, sino algo que vivimos, día tras día.

CONCLUSIÓN

Al concluir este recorrido por el enriquecedor paisaje del estoicismo, resulta imperativo reflexionar sobre el poder transformador que esta filosofía ancestral posee en el contexto de nuestras vidas modernas. El estoicismo no es un mero conjunto de teorías confinadas a viejos tomos polvorientos; se erige como una guía vibrante y práctica que ofrece una sabiduría atemporal para afrontar los vertiginosos vaivenes del mundo actual, con sus abrumadoras opciones y sus desafíos sin precedentes.

A lo largo de este libro, hemos explorado cómo el estoicismo puede ayudarnos a gestionar el estrés, a relacionarnos más conscientemente con la tecnología, a cultivar relaciones sólidas y a fomentar el crecimiento personal. Cada capítulo no sólo ha profundizado en los principios estoicos, sino que también ha relacionado estas ideas milenarias con cuestiones contemporáneas, ya sea en el ámbito de las distracciones digitales, la mejora de la inteligencia emocional o las complejidades de las dinámicas sociales.

Aspectos clave: Recuerda que adoptar el estoicismo es algo más que comprender su filosofía; se trata de integrarla en nuestras vidas cotidianas. Las principales virtudes estoicas -sabiduría, coraje, justicia y templanza- pueden guiar tus decisiones e interacciones cotidianas. A través de la práctica de la atención plena, la reflexión diaria y el abordaje de los desafíos de la vida con una mentalidad estoica, tenemos la oportunidad de cultivar una existencia marcada por la paz, la resiliencia y un profundo sentido de realización.

Llamado a la acción: Te invito a ti, querido lector, a no ver esto como un final, sino como el comienzo de tu práctica estoica. Empieza con pasos pequeños y manejables. Integra momentos de reflexión en tu rutina matutina, practica la atención plena a lo largo del día y desafíate a responder a las complejidades de la vida con calma y racionalidad estoicas. Estas prácticas no pretenden ser soluciones temporales, sino parte de un viaje de por vida hacia una sabiduría más profunda y una mayor virtud.

Únete a la comunidad estoica: No estás solo en este camino. La comunidad estoica, tanto en línea como en tu ámbito local, puede ofrecerte una valiosa red de apoyo y camaradería. Involúcrate en foros, participa en debates y asiste a reuniones y eventos estoicos. Compartir tu viaje con otros puede proporcionarte no sólo inspiración, sino también nuevas perspectivas que enriquezcan tu comprensión del estoicismo.

Fomenta la exploración personal: Te animo a que profundices en los textos de Marco Aurelio, Séneca y Epicteto, entre otros. Cada filósofo estoico ofrece ideas únicas que podrían resonar de forma diferente con tus experiencias y desafíos personales. Es importante recordar que el estoicismo es altamente personal y su aplicación puede adaptarse a tus circunstancias y valores individuales.

Reconoce la naturaleza continua de la práctica estoica: Abraza el hecho de que el estoicismo es un camino, no un destino fijo. Es una filosofía de práctica continua y crecimiento permanente. Habrá contratiempos y desafíos, pero cada uno de ellos es una oportunidad para aplicar los principios estoicos y aprender de la experiencia.

Por último, quiero expresarte mi más sincera gratitud por unirte a mí en la exploración del profundo y práctico mundo del estoicismo. Espero que este libro te sirva como un compañero fiel mientras navegas por las complejidades de la vida moderna. Afronta cada día con sabiduría y serenidad estoicas, y recuerda que cada momento es una oportunidad para vivir de acuerdo con tus virtudes más elevadas.

Gracias por embarcarte en este viaje hacia una vida estoica. Es mi deseo que encuentres en el estoicismo la fortaleza, la paz y la alegría que yo he descubierto.

REFERENCIAS

¿Qué es el estoicismo? Los fundamentos del mayor ... https://orionphilosophy. com/stoicism-meaning-and-definition/

Zenón de Citio | Estoico, Cínico, Fundador https://www.britannica.com/ biography/Zeno-of-Citium

Domina la vida moderna con la filosofía estoica: 10 ideas y ... https:// thegeekyleader.com/2024/01/07/mastering-modern-life-with-stoic-philosophy-10-insights-and-practical-applications/#:~:text=Incorporating% 20Stoic%20principles%20into%20modern,to%20greater%20satis-faction%20and%20effectiveness.

Cómo ser un estoico moderno: el estoicismo en el siglo XXI https:// mindandpractice.com/how-to-be-a-modern-stoic-stoicism-in-the-21st-century/

Las mejores citas de las Cartas de Séneca de un estoico https://www.getstoic. com/quotes/best-quotes-seneca-letters-from-a-stoic

Cómo planificar tu día como Marco Aurelio https://dailystoic.com/marcus-aurelius-daily-habits/

Epicteto sobre la libertad, el pensamiento, la información y ... https://fs.blog/the-art-of-living/

Por qué el estoicismo es más relevante de lo que crees https://www. psychologytoday.com/us/blog/365-ways-to-be-more-stoic/202301/why-stoicism-is-more-relevant-than-you-might-think

Guía del estoicismo para principiantes https://modernstoicism.com/beginners-guide-to-stoicism/

Estoicismo Moderno: Cómo utilizar el estoicismo antiguo ... https:// orionphilosophy.com/stoic-philosophy-for-modern-life/

La micro rutina matutina de 9 minutos de un estoico para ... https://medium. com/mind-cafe/a-stoics-9-minute-micro-morning-routine-a86e87e7101d

Resiliencia: Desarrolla habilidades para soportar las dificultades https://www. mayoclinic.org/tests-procedures/resilience-training/in-depth/resilience/art-20046311

La dicotomía estoica del control en la práctica https://www.psychologytoday.

com/us/blog/365-ways-to-be-more-stoic/202304/the-stoic-dichotomy-of-control-in-practice

Técnicas de reestructuración cognitiva para reencuadrar los pensamientos https://positivepsychology.com/cbt-cognitive-restructuring-cognitive-distortions/

21 Ejercicios y actividades de atención plena para adultos (+ PDF) https://positivepsychology.com/mindfulness-exercises-techniques-activities/

Estoicos famosos en la historia y la cultura pop | Vivir con el ejemplo https://www.livingbyexample.org/famous-stoics-in-history-and-pop-culture/

Estoicismo para la resolución de conflictos: Utiliza la filosofía estoica para... https://www.stoicsimple.com/stoicism-for-conflict-resolution-use-stoic-philosophy-to-resolve-conflicts/

Lo que la filosofía estoica dice sobre el amor | por Wesley Owens https://medium.com/love-the-magazine/what-stoic-philosophy-says-about-love-913bb82c416d

Comunicación y Estoicismo: Cómo comunicarse mejor con la filosofía estoica https://www.stoicsimple.com/communication-stoicism-how-to-communicate-better-with-stoic-philosophy/#:~:text=Being%20clear%20and%20concise%20prevents,more%20effective%20interaction%20with%20others.

Consejo estoico: ¿qué piensan los estoicos del perdón? https://howtobeastoic.wordpress.com/2017/04/22/stoic-advice-what-do-stoics-think-of-forgiveness/

Cómo liberarse de la ira: Las 16 técnicas estoicas de Séneca https://www.highexistence.com/seneca-on-how-to-deal-with-anger/

Estoicismo y envidia: Cómo utilizar la filosofía estoica para tratar... https://www.stoicsimple.com/stoicism-and-envy-using-stoic-philosophy-to-deal-with-jealousy/#:~:text=You%20can%20also%20try%20to,work%20towards%20your%20own%20goals.

Cómo afrontar el miedo y la ansiedad, a la manera estoica https://www.psychologytoday.com/us/blog/hide-and-seek/202203/how-to-cope-with-fear-and-anxiety-the-stoic-way

Beneficios de adoptar una mentalidad estoica en tu trabajo y en tu vida https://www.forbes.com/sites/jackkelly/2024/04/12/benefits-of-stoicism/#:~:text=By%20practicing%20Stoic%20principles%2C%20individuals,balanced%20approach%20to%20life's%20challenges.

Una respuesta estoica al duelo https://dailystoic.com/stoic-response-grief/

La resistencia estoica de James Stockdale - The Will Project https://willproject. org/examples/stoic-resilience-stockdale/

Cómo el estoicismo te ayuda perfectamente a afrontar el cambio https:// orionphilosophy.com/stoicism-change/

EL ESTOICISMO MODERNO Y SU UTILIDAD EN... https://www. crisisjournal.org/api/v1/articles/33608-modern-stoicism-and-its-usefulness-in-fostering-resilience.pdf

Terapia cognitivo-conductual - StatPearls https://www.ncbi.nlm.nih.gov/books/ NBK470241/

Ejercicios de atención plena - Mayo Clinic https://www.mayoclinic.org/healthy-lifestyle/consumer-health/in-depth/mindfulness-exercises/art-20046356

El estado empírico de la terapia de aceptación y compromiso https://www. sciencedirect.com/science/article/pii/S2212144720301940

El camino hacia la resiliencia: una revisión sistemática y un metaanálisis... https:// bmjopen.bmj.com/content/8/6/e017858

Eudaimonía https://www.thestoicregistry.org/res/pathways/eudaimonia/

Estoicismo vs. Hedonismo: ¿Cuál es la diferencia? https://orionphilosophy.com/ stoicism-vs-hedonism/

10 ejercicios estoicos increíblemente útiles https://dailystoic.com/10-insanely-useful-stoic-exercises/

5 Líderes épicos que estudiaron estoicismo - y por qué tú... https://www. entrepreneur.com/leadership/5-epic-leaders-who-studied-stoicism-and-why-you-should/252625

Las paradojas estoicas - Brújula estoica - WordPress.com https://stoiccompass. wordpress.com/2017/10/20/the-stoic-paradoxes/

Una antigua técnica de meditación estoica https://donaldrobertson.name/2017/ 03/22/an-ancient-stoic-meditation-technique/

Estoicismo y ética de la virtud moderna - Oxford Academic https://academic.oup. com/book/44871/chapter/384583553

10 Hábitos estoicos para mantener el equilibrio entre la vida laboral y personal https://thegeekyleader.com/2024/05/26/10-stoic-habits-for-maintaining-work-life-balance/

Cómo practicar el estoicismo: Introducción y 12... https://mindfulstoic.net/how-to-practice-stoicism-an-introduction-12-stoic-practices/

Un régimen diario para el estoico moderno | por PocketStoic Staff https://

medium.com/pocketstoic/a-daily-regimen-for-the-modern-stoic-
e4b9ae750e58

La aplicación moderna de la filosofía estoica en la vida cotidiana https://
stoicstateuniversity.com/blog/the-modern-application-of-stoic-philosophy-
in-daily-life

Principios estoicos en la era digital: Guía para la desintoxicación digital https://
medium.com/@m.daudup25/stoic-principles-in-the-digital-age-a-guide-to-
digital-detox-aed25905b650

Los estoicos tenían razón: el control emocional es bueno para el alma https://
psyche.co/ideas/the-stoics-were-right-emotional-control-is-good-for-the-
soul

Cómo controlar el estrés de las redes sociales con atención plena https://
childmind.org/article/social-media-stress-mindfulness/

Un régimen diario para el estoico moderno | por PocketStoic Staff https://
medium.com/pocketstoic/a-daily-regimen-for-the-modern-stoic-
e4b9ae750e58